MW01707993

ASSiMiL®
Langues de poche

Mise en pages : **ASSIMIL** France

Illustration couverture : Gavi



ISBN 978-2-7005-0285-5
ISSN 1281-7554

La version originale de cet ouvrage est parue en allemand sous le titre **Katalanisch Wort für Wort,** aux éditions Reise Know-How Verlag Peter Rump GmbH, Bielefeld.

# Le Catalan de poche

Hans-Ingo Radatz
adaptation française Joan Dorandeu

Illustrations de J.-L. Goussé

ASSiMiL
Le don des langues

B.P. 25
94431 Chennevières-sur-Marne Cedex
FRANCE

# La Collection Langues de poche

Afrikaans – Albanais – Allemand – Alsacien – Anglais britannique – Anglais pour globe-trotters – Anglais australien – Arabe algérien – Arabe égyptien – Arabe marocain – Arabe tunisien – Arabe des pays du Golfe – Arménien – Auvergnat – Basque – Brésilien – Breton – Bruxellois – Bulgare – Calédonien – Catalan – Chinois – Chtimi – Coréen – Corse – Créole capverdien – Créole guadeloupéen – Créole guyanais – Créole haïtien – Créole martiniquais – Créole mauricien – Créole réunionnais – Croate – Danois – Espagnol – Espagnol d'Argentine – Espagnol de Cuba – Espagnol de la République dominicaine – Espagnol du Mexique – Espéranto – Estonien – Finnois – Flamand – Francoprovençal – Gallois – Gascon – Géorgien – Grec – Hébreu – Hiéroglyphe – Hongrois – Indonésien – Irlandais – Islandais – Italien – Italien pour fans d'opéra – Japonais – Kabyle – Lao – Languedocien – Letton – Lingala – Lituanien – Lyonnais – Malgache – Maltais – **Maori*** – Marseillais – Néerlandais – Norvégien – Picard – Platt lorrain – Polonais – Portugais – Provençal – Québécois – Roumain – Rromani – Russe – Serbe – Slovaque – Slovène – Suédois – Suisse alémanique – Tagalog – Tahitien – Tamoul – Tchèque – Thaï – Turc – Vietnamien – Wallon – Wolof – Zoulou

## Français à l'usage des étrangers

- anglophones
- germanophones
- hispanophones
- Hongrois
- Italiens
- Japonais
- lusophones
- néerlandophones
- Polonais
- russophones
- Turcs

## Sans interdits (Argot)

- Américain
- Anglais
- Bruxellois
- Espagnol
- Flamand
- Argot français pour néerlandophones
- Wallon

* En cours de réalisation, à paraître prochainement.

ASSiMiL®
Langues de poche

# Assimil,
## une recette différente

**Vos ingrédients :**

- un condensé de grammaire ;
- une bonne dose de conversation, à base d'éléments nutritifs et variés ;
- un saupoudrage savamment dosé de conseils d'amis et de tuyaux sur les coutumes locales ;
- une bibliographie légère ;
- en dessert, un double lexique ;
- pour pimenter un peu le menu, un zeste d'humour avec nos illustrations souriantes ;
- et, en prime, six rabats ingénieux pour vous mettre en appétit.

Il ne vous reste plus qu'à mettre les pieds sous la table pour déguster ce repas équilibré au gré de votre appétit, et en tirer tous les bienfaits : confiance, joie de communiquer et de devenir un peu plus qu'un simple touriste.

Ce manuel ne prétend pas remplacer un cours de langue, mais si vous investissez un peu de temps dans sa lecture et apprenez quelques phrases, vous pourrez très vite communiquer. Tout sera alors différent, vous vivrez une expérience nouvelle.

**Un conseil :** ne cherchez pas la perfection ! Vos interlocuteurs vous pardonneront volontiers les petites fautes que vous pourriez commettre au début. **Le plus important, c'est d'abandonner vos complexes et d'oser parler.**

# SOMMAIRE

## AVANT-PROPOS



## GRAMMAIRE

## CONVERSATION

## LEXIQUES



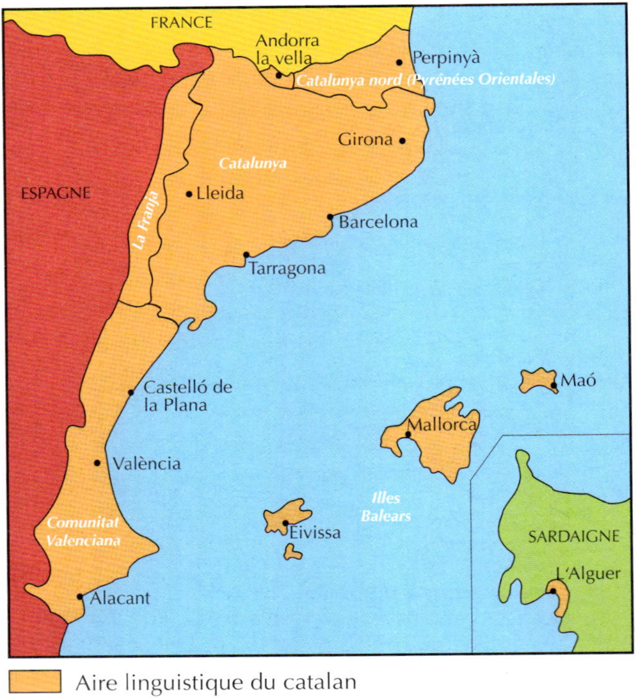
FRANCE
Andorra la vella
Perpinyà
Catalunya nord (Pyrénées Orientales)
Girona
Catalunya
ESPAGNE
La Franja
Lleida
Barcelona
Tarragona
Castelló de la Plana
València
Comunitat Valenciana
Alacant
Maó
Mallorca
Illes Balears
Eivissa
SARDAIGNE
L'Alguer
Aire linguistique du catalan

Beaucoup de Français et d'Européens connaissent la Costa Brava, les plages de **València**, *Valence*, les **Balears**, *Baléares*, la **Catalunya nord** (département des Pyrénées-Orientales), sans oublier l'arrière-pays où foisonnent les sites naturels et les monuments qui présentent tant d'attraits et méritent une visite. Les touristes peuvent visiter des lieux déclarés patrimoine de l'humanité par l'UNESCO comme le monastère de **Poblet**, les ruines de **Tarragona** ou les églises romanes de la vallée de **Boí** par exemple. D'autres, pour des motifs de vie professionnelle et commerciale, vont à **Barcelona** ou à **València**.

Le point commun de toutes ces régions, de **Salses** à **Guardamar** et de **Maó** à **la Franja** (est de l'Aragon), sans oublier **l'Alguer**, en Sardaigne, est une langue commune et une culture millénaire commune : le catalan (et sa variante, le valencien). Langue romane comme le portugais, le castillan (que les Français appellent tout simplement l'espagnol), l'occitan ou langue d'oc, le français, l'italien, le roumain et le romanche, le catalan est né du latin et apparaît vers le XIIe siècle. Devenu langue administrative et juridique à la demande des Corts (parlement) en 1413, le catalan fut aussi langue littéraire et philosophique dès le XIIIe : le philosophe Ramon Llull (1232/33 – 1315/16) publia ses œuvres en latin, en arabe et en catalan.

Souvent considéré comme une langue "pont" entre les domaines de la Romania italique, gallo-romaine et ibérique, le catalan a beaucoup de points communs avec l'italien (en particulier avec certains dialectes), avec l'occitan, sans oublier le français et le castillan. Du point de vue phonétique, nous remarquons aussi beaucoup de similitudes avec le portugais.

Pourchassé dans la partie française du **Principat de Catalunya** (conquise par la France à l'époque de Louis XIII) dès 1700, le catalan reste victime des mêmes agissements à partir de 1794 lorsque la Convention décide d'entériner les décisions proclamées dans l'Édit de Louis XIV. Dans les territoires de l'actuelle Espagne des interdictions similaires sont décidées dès le triomphe des Bourbons (Philippe V – petit-fils de Louis XIV), et il faudra attendre la seconde république, proclamée en 1931, pour voir rétablir, en partie seulement, les droits linguistiques des Catalans.

Tout le monde connaît la dure répression contre les langues non castillanes pendant la dictature franquiste, mais actuellement on assiste à une récupération significative de la langue catalane dans la vie privée comme dans la vie publique : media, écoles, universités, vie politique et institutionnelle (sauf à **València** et en **Catalunya nord**).

Certes, le visiteur pourra se faire comprendre partout en utilisant le castillan, le français ou l'anglais dans toutes les situations qu'il pourra rencontrer, mais il est évident que celui qui cherche un contact plus proche et cordial avec les gens du pays ressentira vite le besoin de comprendre et de parler catalan. Quelques modestes bases de la langue suffiront à vous ouvrir les portes et les cœurs. Les Catalans vous seront reconnaissants de vos efforts. *Le Catalan de poche* est là pour vous aider à pouvoir vous "débrouiller" et communiquer rapidement dans les situations les plus courantes de la vie quotidienne. Les bases essentielles de la grammaire vous seront présentées de manière simple et pratique.Tout est fait pour vous permettre de parler tout de suite, même si l'accent n'est pas parfait. Nous vous souhaitons beaucoup de plaisir à la lecture et à la pratique de ce modeste ouvrage.

**Bon viatge !**
Bon voyage !

# LANGUES D'ESPAGNE... ET DE FRANCE

Si la France, malgré sa diversité linguistique, ne reconnaît qu'une seule langue officielle, et que sa constitution lui interdit de signer la Charte européenne des langues et cultures régionales (déjà signée par 26 pays), l'Espagne, à la fin de la dictature franquiste, devant l'élan pour la démocratie et la liberté, a opté pour un état plurilingue : la constitution de 1978 reconnaît l'existence de "nationalités et régions" ayant le droit à l'autonomie. L'Espagne reconnaît par conséquent quatre langues officielles :

• le *castillan*, **castellano**, que les Français nomment généralement "l'espagnol", est la langue de l'État et donc officielle sur l'ensemble du territoire. À l'origine, il était la langue de la **Castille**, mais l'histoire de la reconquête et la puissance de ce royaume, maître de l'Amérique centrale, d'une grande partie de l'Amérique du nord et du sud jusqu'au XIX^e^ siècle, expliquent son rôle dominant dans la péninsule.

Trois autres langues ont, sur leur territoire autonome, un statut de langue officielle propre :

• Le *basque*, **euskera**, langue non indo-européenne, dans la région autonome d'**Euskadi**, *Pays basque sud*, ainsi que dans une petite partie nord de la **Navarre**.

• Le *galicien*, **galego**, variante de la langue portugaise, parlé en **Galice**.

• Le *catalan*, **català**, est officiel dans les régions autonomes de **Catalogne** et des **Baléares** ainsi que dans la Communauté valencienne (sous le nom de **valencià**). L'Aragon va en reconnaître le caractère officiel dans sa partie est, **la Franja**.

Hors de l'État espagnol, il convient de signaler que le catalan est la seule langue officielle de l'**Andorre**, petit État pyrénéen présent à l'ONU, et qu'il a un statut à l'**Alguer**, dans l'île de Sardaigne. Par contre, dans la partie qui fut le berceau historique de la Catalogne, dès l'époque de Charlemagne – l'actuel département des Pyrénées-Orientales –, la république française reste fidèle aux principes de 1794.

Malgré bien des vicissitudes historiques, le catalan se caractérise par une unité remarquable, et il est plus facile pour un nord-catalan (français) de comprendre un valencien du sud que pour un Français de comprendre un francophone de France ou de Belgique s'exprimant en picard, en solognot, en normand ou en wallon.

Quelques comparaisons avec d'autres langues romanes voisines :

| | Catalan | Italien | Castillan | Portugais |
|---|---|---|---|---|
| farine | **farina** | **farina** | **harina** | **farinha** |
| lit | **llit** | **letto** | **cama** | **cama** |
| promenade | **passejada** | **passegiata** | **paseo** | **passeio** |
| honte | **vergonya** | **vergogna** | **vergüenza** | **vergonha** |
| brûler | **cremar** | **bruciare** | **quemar** | **queimar** |
| caisse | **caixa** | **cassa** | **caja** | **caixa** |

## MODE D'EMPLOI

*Le Catalan de poche* est structuré en trois parties :

La grammaire vous présente l'essentiel du fonctionnement de la langue, et ce le plus simplement possible, sans entrer dans les nuances et sans énumérer toutes les exceptions. Si vous désirez ensuite pénétrer plus profondément dans la grammaire du catalan, consultez notre bibliographie, nous y avons référencé différents ouvrages intéressants.

Notez que la grammaire n'est pas forcément destinée à être lue, comprise et maîtrisée d'un trait. Vous pouvez aussi commencer directement par la partie ***Conversation*** et, si des questions surgissent, vous référer à la ***Grammaire***.

La conversation : vous y trouverez, classées par rubriques, des phrases utilisées dans la conversation de tous les jours ainsi que des listes thématiques de vocabulaire. Les phrases données en exemple seront toujours accompagnées d'une transcription phonétique à la française en caractères italiques, à la deuxième ligne (à ce propos, voyez notre rubrique ***Prononciation et accentuation***).
Pour vous permettre de mieux comprendre la construction des phrases lorsqu'elle est différente du français, la troisième ligne vous donnera une traduction mot à mot (lorsqu'un mot catalan équivaut à plusieurs mots français, ceux-ci seront reliés par des tirets) et la quatrième la traduction en français correct.

**Em dic Joan.**
*œmm dik jouann*
me je-dis Jean
Je m'appelle Jean.

**Vaig a casa.**
*badj œ kaz*
je-vais à maison
Je vais chez moi.

Très rapidement, vous serez capable de former vos propres phrases. Vous pouvez utiliser les phrases d'exemples comme base et les adapter à vos propres besoins. Avec un peu de courage et de créativité – et vous n'en manquez pas –, vous pouvez construire de nouvelles phrases et vous faire comprendre, même si le résultat n'est pas toujours parfait sur le plan grammatical et phonétique.

Les lexiques : à la fin du guide, nous vous proposons un lexique ***catalan – français*** et ***français – catalan***.
Chacun comporte environ 1 000 mots, ce qui devrait suffire pour vous "débrouiller" dans la plupart des situations.

# PRONONCIATION ET ACCENTUATION

En catalan, comme dans toutes les langues latines, à l'exception du français nettement influencé par le franc, langue germanique, l'accent tonique a une grande importance, et selon son accentuation le mot a un sens différent : **la secretària** *la sœcrœtariœ, la secrétaire* et **la secretaria** *la sœcrœtœriœ, le secrétariat.*

Il faudra donc être particulièrement attentif aux indications de prononciation et d'accent. La syllabe portant l'accent tonique sera soulignée dans la prononciation.

## Voyelles et groupes de voyelles

| Lettre | Prononciation | Exemple |
|---|---|---|
| **a** | comme le français de *pâte* lorsqu'il est accentué | **el mas** *œll màss* le mas |
| | presque comme le e de *petit* lorsqu'il est atone : *œ* | **la casa** *la kazœ* la maison |
| **e** | *è* ouvert comme *mère* | **la mel** *la mèll* le miel |
| | *é* fermé comme *été* | **després** *dœsspréss* après |
| | *œ* : e atone comme le a atone | **l'home** *llòmœ* l'homme |
| **i** | comme le *i* de *fil* | **el pit** *œll pitt* la poitrine |
| **o** | *ò* ouvert comme *flotte* | **la dona** *la dònœ* la femme |
| | *ó* fermé comme *kilo* | **el carbó** *œll kœrbó* le charbon |
| | *ou* quand il est atone | **canto** *kànntou* je chante |
| **u** | toujours *ou* comme dans *nous* | **jugar** *jouga* jouer |
| **ai** | comme dans *ail* | **mai** *maï* jamais |
| **au** | comme *aou* dans *"miaou"* | **la pau** *la paou* la paix |
| **oi** | comme *oï* comme dans *boy* | **el noi** *œll noï* l'enfant |

| | | |
|---|---|---|
| **eu** | *éou* ou *éou* comme dans *aléoutien* | **la neu** *la néou* la neige<br>**el peu** *œll pèou* le pied |
| **ei** | *éï* ou *èï* comme dans *veille* | **el rei** *œll rréï* le roi<br>**el remei** *œll rœmèi* le remède |
| **ui** | *ouï* comme dans *nouille* | **avui** *œbouï* aujourd'hui |
| **iu** | *iou* | **el niu** *œll niou* le nid |

Il n'y a pas en catalan de nasalisation des voyelles. On entend toujours très distinctement le son vocalique :

| | | |
|---|---|---|
| **an, am** | *ann, amm* comme dans *panne, femme* | **estan** *œsstann* ils sont, **el pam** *œll pamm* le bout |
| **en, em** | *enn, œnn, emm, œmm* comme dans *benne, flemme* | **canten** *kanntœnn* ils chantent, **cantem** *kanntèmm* nous chantons |
| **in, im** | *inn, imm* comme dans *fine, cime* | **vindré** *binndré* je viendrais, **imperial** *immpœriall* impérial |
| **on, om** | *onn, omm* comme dans *personne, pomme* | **el món** *œl mónn* le monde, **la font** *la fònn* la fontaine |
| **un, um** | *ounn, oumm* comme dans *doudoune, boum* | **un** *ounn* un, **el perfum** *œll pœrfoumm* le parfum |

## Consonnes et groupes de consonnes

| Lettre | Prononciation | Exemple |
|---|---|---|
| **b** | comme en français | **baix** *bach* bas |
| **c** | *k* devant a, o, u | **casa** *kazœ* maison, **cosa** *kòzœ* chose **curar** *koura* soigner |

| | | |
|---|---|---|
| | *s / ss* devant **e** et **i** | **cert** *sèrtt* certain,<br>**bici** *bissi* vélo |
| **ç** | *ss* | **cançó** *kannssó* chanson |
| **d** | *d* comme en français | **dictat** *diktatt* dictée |
| **f** | *f* comme en français | **fanal** *fœnall* lanterne |
| **g** | *g* devant **a**, **o** et **u** | **gastar** *gœsta* dépenser,<br>**gota** *gótœ* goutte,<br>**gust** *gousstt* goût |
| | *j* devant **e** et **i** | **gent** *jénn* gens,<br>**ginebra** *jinébrœ* gin |
| **h** | comme en français (muet) | **home** *òmœ* homme |
| **j** | *j* comme en français | **jardí** *jœrdi* jardin |
| **k** | *k* (dans des mots étrangers) | **kurd** *kourdd* kurde |
| **l** | plus vélaire qu'en français, proche du l anglais, comme redoublé : *ll* | **pardal** *pœrdall* moineau |
| **m** | *m* comme en français mais jamais de nasalisation | **mare** *marœ* mère |
| **n** | *n* comme en français mais jamais de nasalisation | **dona** *dònœ* femme |
| **p** | *p* comme en français | **pa** *pa pain* |
| **q** | *k*, toujours avec un **u** devant **e** et **i** | **quedar** *kœda* rester |
| **r** | *rr* prononciation roulée en tête de mot ou quand il y a **rr** | **roca** *rròkœ* roche |
| | *r* roulé doux, presque l | **pera** *pèrœ* poire |
| | en général muet en fin de mot | **cantar** *kœnnta* chanter |
| **s** | *s* comme *sel* | **sol** *sóll soleil* |
| | *z* entre deux voyelles | **rosa** *rròzœ rose* |
| | se prononce toujours en fin de mot | **res** *rrèss rien* |
| **t** | *t* comme en français | **tornada** *tournadœ* retour |
| | se prononce toujours en fin de mot | **traduït** *trœdouïtt* traduit |
| **v** | *b* en règle générale | **vaca** *bakœ* vache |

| | | |
|---|---|---|
| **w** | *b* dans les mots étrangers ou comme en anglais | **whisky** *bisski* ou *ouisski* whisky |
| **x** | *ks* | **màximum** *maksimoumm* maximum |
| | *gz* | **exemple** *œgzémmplœ* exemple |
| | *ch* au début d'un mot, après une consonne, un **i** et un **u** | **xinès** *chinèss* chinois |
| | | **caixa** *kachœ* caisse |
| | mais quelques exceptions : | **fixar** *fiksa* fixer |
| **z** | *z* dans tous les cas | **zero** *zèrou* zéro |

Devant **e** et **i**, **qu** se prononce *k*, devant **e** et **i**, **gu** se prononce *gu*, le **u** *ou* se prononce devant **a** : **quan** *kouann*, **aigua** *aïgouœ*.

Pour obtenir le même son devant **e** et **i**, il faut utiliser le tréma (**dièresi**) : **qüestió** *kouœsstió*, **aigües** *aïgouœss*.

## Remarques complémentaires sur la prononciation

• Les consonnes finales **b**, **d**, **g** se prononcent *p*, *t*, *k* : **àrab** *arœpp*, **fred** *frètt*, **llarg** *l'yark* ou *yark*.

• Les groupes **ld**, **lt**, **mb**, **mp**, **nd**, **nt** ne prononcent pas la consonne finale : **malalt** *mœllall*, **molt** *móll*, **amb** *œmm*, **camp** *kamm*, **valent** *bœlénn*.

• **ll** est un l mouillé comme dans l'occitan ou le portugais *lh*, ou l'italien *gl*. Transcrit *l'y* + voyelle : veillez à bien prononcer le *y* comme dans "yaourt" et non comme un i, même en fin de mot (dites "lieu" en une seule émission de voix). En cas d'impossibilité, prononcez *ye* : **llesca** *l'yèssk* / *yèssk* , **lletra** *l'yètrœ* / *yètrœ*, **ull** *oul'y'* / *ouille*.

• **tll** se prononce comme un double l'*y(e)* : **batlle** *ball-l'y'* .

• **ny** équivaut au gn français : **Catalunya** *kœtœlougnœ*.

• **ch** en fin de mot est une ancienne graphie pour c : **Bosch** *bòssk*.

• **ig** en fin de mot se prononce *tch* : **puig** *poutch*, **passeig** *pœssètch* mais on aura **càstig** *kasstik*.
• les groupes **bl**, **pl**, **cl**, **gl** redoublent traditionnellement la consonne précédant le l : **amable** *œmabblœ*, **article** *œrtikklœ*.
• **l·l** ou "l géminé" se prononce comme un double l : **col·legi** *koull-llèji*.

Et maintenant, bon courage !

## Accent tonique

Il est très important en catalan puisque beaucoup de voyelles ont une prononciation différente selon qu'elles sont ou non accentuées.

Deux règles simples :

• Les mots terminés par **a**, **as**,
**e**, **es**, **en**
**i**, **is**, **in**
**o**, **os**
**u**, **us**
sont normalement accentués sur l'avant-dernière syllabe.

• Les mots ayant une autre terminaison s'accentuent sur la dernière syllabe.

Si le mot ne suit pas les règles précédentes, la syllabe accentuée porte un accent écrit :
– **casa** *kazœ* mais **sofà** *soufa* ;
– **canto** *kanntou* mais **cançó** *kœnnssó* ;
– **canvia** *kœnnbiœ* mais **història** *històriœ* ;
– **canti** *kannti* mais **camí** *kœmí* ;
– **paper** *pœpé* mais **àngel** *annjœll*.

Tous les mots accentués sur l'antépénultième portent un accent écrit :
– **pólvora** *pólbourœ poudre* ;
– **política** *poulitikœ politique*.

# QUELQUES MOTS UTILES

Voici les premiers mots qui vous permettront de vous faire comprendre en catalan :

- **Estic buscant (cercant)...**
*œsstik bousskann (sœrkann)*
suis cherchant
Je cherche...

**Estic buscant l'hotel Catalunya.**
*œsstik bousskann loutèll kœtœlougnœ*
Je cherche l'hôtel Catalunya.

**Estic cercant un restaurant.**
*œsstik sœrkann ounn rrœsstaourann*
Je cherche un restaurant.

**Estic buscant els serveis.**
*œsstik bousskann œllss sœrbèïss*
Je cherche les toilettes.

Lorsque vous voudrez demander un renseignement, pour entrer en contact avec votre interlocuteur, utilisez la formule **perdoni** ou **sisplau**. Souvent la réponse pour indiquer la direction utilisera les mots suivants :

| | | |
|---|---|---|
| **a la dreta** | *a la drètœ* | à droite |
| **a l'esquerra** | *a lœsskèrrœ* | à gauche |
| **recte** ou **tot dret** | *rrèktœ* ou *tótt drètt* | tout droit |

Quelques mots indispensables :

| | | |
|---|---|---|
| **l'aeroport** | *l'œéroupòrtt* | l'aéroport |
| **els correus** | *œlss kourrèouss* | la poste |
| **l'estació** | *l'œsstœssió* | la gare |

| | | |
|---|---|---|
| **l'hospital** | *lousspitall* | l'hôpital |
| **la policia** | *la poulissiœ* | la police |
| **el telèfon** | *œll tœlèfounn* | le téléphone |
| **el consulat** | *œll kounnssoullatt* | le consulat |
| **el supermercat** | *œll soupœrmœrkatt* | le supermarché |
| **el museu** | *œll mouzzèou* | le musée |
| **l'oficina de turisme** | *loufissinœ dœ tourizmœ* | le syndicat d'initiative |
| **els grans magatzems** | *œllss grannss mœguœdzèmss* | les grands magasins |
| **la parada del bus** | *la pœradœ dœll bouss* | l'arrêt d'autobus |

Lorsque vous désirez obtenir ou acheter quelque chose, vous devez employer la formule suivante :

- **Que té... ?**
Avez-vous... ?

**Que té segells ?**
*kœ té sœgél'y'ss ?*
Avez-vous des timbres ?

**Que té vi negre o vi blanc ?**
*kœ té bi nègrœ ò bi blannk ?*
Avez-vous du vin rouge ou du vin blanc ?

**Que té fruita del temps ?**
*kœ té frouïtœ dœll témmss ?*
Avez-vous des fruits de saison ?

La réponse sera **sí** ou **no**, *oui* ou *non*.

- Pour former une phrase négative, il suffit de la commencer par **no** :

**No vull cafè.**
*no boul'y' kœfè*
ne je-veux café.
Je ne désire pas de café.

- **Quant costa... ? Quant val... ?**

*kouann kòsstœ ? kouann ball ?*

Combien coûte... ? Combien vaut... ?

**Quant costa això ?**

*kouann kòsstœ œchó ?*

Combien ça coûte ?

**Quant costa el menú ?**

*kouann kòsstœ œll mœnou ?*

Combien coûte le menu ?

**Quant costa l'entrada ?**

*kouann kòsstœ lœnntradœ ?*

Combien coûte le billet d'entrée ?

**Quant costa el bitllet d'anar i tornar ?**

*kouann kòsstœ œll bill-l'yètt dœna i tourna ?*

Combien coûte le billet aller-retour ?

- **Voldria...**

Je voudrais...

**Voldria anar a...**

*boulldriœ œna a*

Je voudrais aller à...

**Voldria pagar (comprar)...**

*boulldriœ pœga (koummpra)*

Je voudrais payer (acheter)...

**Voldria trucar (telefonar).**

*boulldriœ trouka (tœlœfouna)*

Je voudrais téléphoner.

**Voldria un cafè.**

*boulldriœ ounn kœfè*

Je désirerais un café.

VOLDRIA TRUCAR.
*(Je voudrais téléphoner.)*

# LE NOM COMMUN

Normalement précédé d'un article, le nom catalan n'est pas forcément du même genre que le nom français correspondant :

## Le genre masculin ou féminin

| | | |
|---|---|---|
| **el mar** | *œll mar* | la mer |
| **el vis** | *œll biss* | la vis |
| **l'origen** (m.) | *lourijœnn* | l'origine (f.) |
| **el préssec** | *œll préssœk* | la pêche (fruit) |
| **la son** | *la sònn* | le sommeil |
| **l'au** (f.) | *laou* | l'oiseau |

## L'article

### • Défini

| | Masculin | | | Féminin | | |
|---|---|---|---|---|---|---|
| Singulier | **el** | *œll* | le | **la** | *la* | la |
| Pluriel | **els** | *œllss* | les | **les** | *lœss* | les |

Devant une voyelle, l'article masculin et féminin singulier s'élide :
**l'avi** *labi, le grand-père*, **l'home** *lòmœ, l'homme*, **l'ocell** *lous-sél'y', l'oiseau*, ainsi que **l'àvia** *labiœ, la grand-mère*, **l'aigua** *laïgouœ, l'eau*, **l'oreneta** *lourœnétœ, l'hirondelle*.
Toutefois, l'article féminin reste entier devant le **u** et le **i** qui ne portent pas l'accent tonique :

**la universitat**, *l'université*, **la humanitat**, *l'humanité*, ainsi que **la idea**, *l'idée*, **la història**, *l'histoire*.
Exception : **és la una**, *il est une heure*, à côté de la forme normale **l'una i l'altra**, puisque le **u** est accentué.

Notez les contractions :

| | | |
|---|---|---|
| **a + el = al** | **de + el = del** | **per + el = pel** |
| **a + els = als** | **de + els = dels** | **per + els = pels** |

La contraction n'a pas lieu lorsqu'il y a l'élision : **pel carrer**, *dans la rue* mais **per l'atzucac**, *dans l'impasse*.

Comme en français, le son *ss* de **els** et de **les** devient *z* lorsque le mot qui suit l'article pluriel commence par une voyelle : **els ocells**, *les oiseaux*, **les aigües**, *les eaux* se prononcent *œllz oussél'y'ss*, *lœz aïgouœss*.

## • Indéfini

| | | | |
|---|---|---|---|
| Singulier | **un** | *ounn* | un |
| | **una** | *ounœ* | une |

Le français "des" ne se traduit pas :

| | |
|---|---|
| **un llibre** | **llibres** |
| *ounn l'yibrœ* | *l'yibrœss* |
| un livre | des livres |

On emploie **uns** / **unes** lorsqu'il y a une précision :

**Tinc uns llibres molt interessants.**
*tinnk ounnz l'yibrœss móll inntœrœssanns*
J'ai des livres très intéressants.

**Uns**, **unes** a aussi le sens de *quelques, un petit nombre* :

**Hi ha uns cotxes al carrer.**
*i a ounnz kótchœz œll kœrré*
Il y a quelques voitures dans la rue.

Devant les prénoms, on emploie les formes suivantes :
**En Joan**, **en Pere** et **l'Antoni**, **l'Emili** pour les prénoms masculins (**en** ou **el** devant une consonne, **l'** devant une voyelle).
**La Maria, la Núria** et **l'Elisabet, l'Úrsula** (voir règle de l'article), pour les prénoms féminins.

## Le pluriel

- En général, les noms forment le pluriel en ajoutant un **s** au singulier :

| | | |
|---|---|---|
| **el port** | *œll pòrtt* | le port |
| **els ports** | *œllz pòrttss* | les ports |
| **l'arbre** | *l'abrœ* | l'arbre |
| **els arbres** | *œllz abrœss* | les arbres |
| **el bou** | *œll bòou* | le bœuf |
| **els bous** | *œllz bòouss* | les bœufs |
| **el clavell** | *œll klœbél'y'* | l'œillet |
| **els clavells** | *œllss klœbél'y'ss* | les œillets |
| **la paret** | *la pœrètt* | le mur |
| **les parets** | *lœss pœrèttss* | les murs |

Certains mots subissent des modifications orthographiques :

- Les mots terminés par un **-a** inaccentué le changent en **-e** devant le **-s** du pluriel.

| | | |
|---|---|---|
| **la dona** | *la dònœ* | la femme |
| **les dones** | *lœz dònœss* | les femmes |
| **el poeta** | *œll pouètœ* | le poète |
| **els poetes** | *œllss pouètœss* | les poètes |
| **el turista** | *œll tourisstœ* | le touriste |
| **els turistes** | *œllss tourisstœss* | les touristes |

- Les mots terminés en **-a** précédés de **c**, **g**, **ç**, **j**, **qu** ou **gu** changent. Pour conserver la même prononciation, ces consonnes deviennent respectivement **qu**, **gu**, **c**, **g**, **qü**, et **gü**.

| | | |
|---|---|---|
| **la vaca** | *la bakœ* | le vache |
| **les vaques** | *lœz bakœss* | les vaches |
| **la plaga** | *la plaguœ* | la plaie, le fléau |
| **les plagues** | *lœss plaguœss* | les plaies |
| **la raça** | *la rassœ* | la race |
| **les races** | *lœss rassœss* | les races |
| **la pluja** | *la ploujœ* | la pluie |
| **les pluges** | *lœss ploujœss* | les pluies |
| **la pasqua** | *la paskouœ* | la pâque |
| **Pasqües** | *paskouœss* | Pâques |
| **l'aigua** | *l'aïgouœ* | l'eau |
| **les aigües** | *lœz aïgouœss* | les eaux |

• Les mots terminés par une voyelle accentuée forment leur pluriel en ajoutant **-ns** au singulier.

| | | |
|---|---|---|
| **la mà** | *la ma* | la main |
| **les mans** | *lœz mannss* | les mains |
| **el camí** | *œll kœmi* | le chemin |
| **els camins** | *œllss kœminnss* | les chemins |
| **el lleó** | *œll l'yœó* | le lion |
| **els lleons** | *œllss l'yœónnss* | les lions |
| **la cançó** | *la kœnnssó* | la chanson |
| **les cançons** | *lœss kœnnssónnss* | les chansons |

Il y a des exceptions, comme par exemple :

| | | |
|---|---|---|
| **el sofà** | *œll soufa* | le canapé |
| **els sofàs** | *œllss soufass* | les canapés |
| **el cafè** | *œll kœfè* | le café |
| **els cafès** | *œllss kœfèss* | les cafés |

• Il faut aussi remarquer que les mots terminés en **-r** muet font le pluriel en **-s** :

| | | |
|---|---|---|
| **la flor** | *la flò* | la fleur |
| **les flors** | *lœss flòss* | les fleurs |

| | | |
|---|---|---|
| **el carrer** | *œll kœrré* | la rue |
| **els carrers** | *œllss kœrréss* | les rues |

- Les mots terminés par un **-ç** forment leur pluriel en **-os** s'ils sont masculins et ajoutent simplement un **-s** s'ils sont féminins.

| | | |
|---|---|---|
| **el braç** | *œll brass* | le bras |
| **els braços** | *œllz brassouss* | les bras |
| **el comerç** | *œll koumèrss* | le commerce |
| **els comerços** | *œllss koumèrssouss* | les commerces |
| **la calç** | *la kallss* | la chaux |
| **les calçs** | *lœss kallss* | les chaux |
| **la faç** | *la fass* | la face |
| **les façs** | *lœss fass* | les faces |

- Les mots terminés par **-s** :

– s'ils sont masculins monosyllabiques ou accentués sur la finale, ils forment leur pluriel en ajoutant **-os** au singulier.

| | | |
|---|---|---|
| **el mas** | *œll mass* | le mas |
| **els masos** | *œllz mazouss* | les mas |
| **el mes** | *œll mèss* | le mois |
| **els mesos** | *œllz mèzouss* | les mois |
| **el bes** | *œll béss* | la baiser |
| **els besos** | *œllz bézouss* | les baisers |
| **l'espòs** | *l'œsspòss* | l'époux |
| **els esposos** | *œllz œsspòzouss* | les époux |
| **el país** | *œll pœiss* | le pays |
| **els països** | *œllss pœizouss* | les pays |

Un certain nombre de mots de cette catégorie redoublent le **-s**. Dans ce cas, le dictionnaire le signale.

| | | |
|---|---|---|
| **el nas** | *œll nass* | le nez |
| **els nassos** | *œllz nassouss* | les nez |
| **l'ingrés** | *l'inngréss* | l'accès, la rentrée |
| **els ingressos** | *œllz inngréssouss* | les revenus |

| | | |
|---|---|---|
| **l'interès** | *l'intœrèss* | l'intérêt |
| **els interessos** | *œllz inntœrèssouss* | les intérêts |

– s'ils sont féminins ou masculins polysyllabiques non accentués sur la finale, ils restent invariables.

| | | |
|---|---|---|
| **la pols** | *la póllss* | la poussière |
| **les pols** | *lœss póllss* | les poussières |
| **el llapis** | *œll l'yapiss* | le crayon |
| **els llapis** | *œllss l'yapiss* | les crayons |
| **el cactus** | *œll kaktouss* | le cactus |
| **els cactus** | *œllss kaktouss* | les cactus |

Restent aussi invariables les mots **el temps** *œll témmss, le temps,* **el fons** *œll fónnss, le fond, les fonds,* **el pus** *œll pouss, le pus,* ainsi que les noms des jours sauf **dissabte** *dissapptœ, samedi* et **diumenge** *diouménnjœ, dimanche.*

• Les mots terminés par **-x**, **-tx**, **-sc**, **-st** et **-xt** forment le pluriel en ajoutant **-os**.

| | | |
|---|---|---|
| **el peix** | *œll péch* | le poisson |
| **els peixos** | *œllss péchouss* | les poissons |
| **el despatx** | *œll dœsspatch* | le bureau |
| **els despatxos** | *œllz dœsspattchouss* | les bureaux |
| **el bosc** | *œll bòssk* | le bois, forêt |
| **els boscos** | *œllz bòsskouss* | les bois |
| **el test** | *œll tésstt* | le pot de fleurs |
| **els testos** | *œllss tésstouss* | les pots de fleurs |
| **el text** | *œll tékstt* | le texte |
| **els textos** | *œllss tékstouss* | les textes |

• Les mots terminés par **-g** ou **-ig** forment le pluriel en **-s** muet.

| | | |
|---|---|---|
| **el raig** | *œll ratch* | le rayon, le filet |
| **els raigs** | *œllss ratchss* | les rayons |

| | | |
|---|---|---|
| **el desig** | *ell dœzitch* | le désir |
| **els desigs** | *œllz dœzitchss* | les désirs, souhaits, vœux |

Certains admettent aussi le pluriel en -**os** avec changement orthographique : **els desitjos** *œllz dœzidjouss, désirs, souhaits, vœux*, **els bojos** *œllz bòjouss, fous*.

## LES DÉMONSTRATIFS

Le catalan possédait trois adjectifs et pronoms démonstratifs, en relation avec les pronoms personnels :

- en relation avec la première personne : **aquest**, **aquesta** *près de moi* ou *qui m'appartient* ;
- en relation avec la deuxième personne : **aqueix**, **aqueixa** *près de toi* ou *qui t'appartient* ;
- en relation avec la troisième personne : **aquell**, **aquella** *près de lui* ou *qui lui appartient*.

Le système actuel est réduit à deux démonstratifs :
le proche : **aquest**, **aquesta** ; le lointain : **aquell**, **aquella**

- **le démonstrarif proche**

| | Masculin | Féminin | Neutre |
|---|---|---|---|
| sing. | **aquest got** | **aquesta tassa** | **això** |
| | *œkètt gòtt* | *œkèsstœ tassœ* | *œchó* |
| | ce verre | cette tasse | ceci |
| pl. | **aquests gots** | **aquestes tasses** | |
| | *œkèttss gòttss* | *œkèsstœss tassœss* | |
| | ces verres | ces tasses | |

- **le démonstrarif lointain**

| | | | |
|---|---|---|---|
| sing. | **aquell puig** | **aquella badia** | **allò** |
| | *œkèl'y' poutch* | *œkèl'y bœdiœ* | *œl'yó* |
| | cette montagne là-bas | cette baie là-bas | cela |

| | | |
|---|---|---|
| pl. | **aquells cotxes**<br>*œkèl'yss kóttchœss*<br>ces voitures là-bas | **aquelles cases**<br>*œkèl'yœss kazœss*<br>ces maisons là-bas |

On trouvera néanmoins des zones ou des locuteurs qui emploieront le système à trois démonstratifs. Ne soyez pas inquiets. Vous n'aurez aucun mal à comprendre !

# L'ADJECTIF

## Les adjectifs à double terminaison

• Ceux qui se terminent par une consonne ou une voyelle non acentuée font le féminin en **a** :

| | | | | | |
|---|---|---|---|---|---|
| **prim** | *primm* | mince | **prima** | *primœ* | mince |
| **eixut** | *œchoutt* | sec | **eixuta** | *œchoutœ* | sèche |
| **savi** | *sabi* | sage, savant | **sàvia** | *sabiœ* | sage, savante |

• Ceux qui se terminent par une voyelle accentuée font le féminin en **-na** :

| | | | | | |
|---|---|---|---|---|---|
| **rodó** | *roudó* | rond | **rodona** | *roudónœ* | ronde |
| **fi** | *fi* | fin | **fina** | *finœ* | fine |
| **comú** | *koumou* | commun | **comuna** | *koumounœ* | commune |

• Ceux qui se terminent par **-au**, **-iu**, **-ou** changent le **u** en **v,** en règle générale :

| | | | | | |
|---|---|---|---|---|---|
| **blau** | *blaou* | bleu | **blava** | *blabœ* | bleue |
| **viu** | *biou* | vif | **viva** | *bibœ* | vive |
| **nou** | *nóou* | neuf | **nova** | *nóbœ* | neuve |

• Ceux qui se terminent par **-eu** ont le féminin en **-ea** :

| | | | | | |
|---|---|---|---|---|---|
| **hebreu** | *hœbrèou* | hébreu | **hebrea** | *hœbrèœ* | hébraïque |

• Les féminins de **boig** *bòtch*, *fou*, **roig** *ròtch*, *rouge*, **mig** *mitch*, *demi* et **lleig** *l'yétch*, *laid* sont **boja** *bòjœ*, **roja** *ròjœ*, **mitja** *midjœ* et **lletja** *l'yédjœ*.
• Le féminin de **nul** *noull* est **nul·la** *noull·llœ*.
• Le féminin de **tranquil** *trœnnkill* est **tranquila** *trœnnkillœ* ou **tranquil·la** *trœnnkill·llœ*.

## Les adjectifs à terminaison unique

• Ceux qui se terminent en **-aç**, **-iç**, **-oç** :

| | | |
|---|---|---|
| **capaç** | *kœpass* | capable |
| **feliç** | *fœliss* | heureux |
| **veloç** | *bœlóss* | rapide |

• Ceux qui se terminent par **-al** accentué, **-el** accentué et **-il** accentué ou non :

| | | |
|---|---|---|
| **general** | *jœnœrall* | général |
| **cordial** | *kourdiall* | cordial |
| **cruel** | *krouèll* | cruel |
| **fidel** | *fidèll* | fidel |
| **civil** | *sibill* | civil |
| **hàbil** | *abill* | habile |
| **dòcil** | *dòssill* | docile |

Exceptions : **mal** *mall*, *mauvais*, **mala** *mallœ* ; **paral·lel** *pœrœll·llèll*, *parallèle*, **paral·lela** *pœrœll·llèll* ; **jovenívol** *joubœ niboull*, *juvénile*, **jovenívola** *joubœniboulœ* et tous ceux en **-ívol**.

• Ceux qui se terminent par **-ar** :

| | | |
|---|---|---|
| **circular** | *sirkoula* | circulaire |
| **familiar** | *fœmilliar* | familier |
| **vulgar** | *boullgar* | vulgaire |

Exceptions : **car** *kar*, *cher*, **cara** *karœ*, *chère* ; **clar** *kla*, *clair*, **clara** *klarœ*, *claire* ; **avar** *œbar*, *avare*, **avara** *œbarœ*, *avare* ; **rar** *rar*, *rare*, **rara** *rarœ*, *rare*.

• Les comparatifs :

| | | | | | |
|---|---|---|---|---|---|
| **millor** | *mil'yó* | meilleur | **pitjor** | *pidjó* | pire |
| **major** | *mœjó* | plus grand | **menor** | *mœnó* | plus petit |

et ceux qui terminent en **-erior** :

| | | |
|---|---|---|
| **interior** | *inntœrió* | intérieur |
| **superior** | *soupœrió* | supérieur |

• Ceux qui se terminent en **-ant** et **-ent** :

| | | |
|---|---|---|
| semblant | *sœmmblann* | semblable |
| evident | *œbidénn* | évident |

Exceptions : **sant** *sann, saint,* **atent** *œténn, attentif,* **calent** *kœlénn, chaud,* **content** *kounnténn, content,* **cruent** *krouénn, sanglant,* **dolent** *doulénn, méchant,* **lent** *lénn, lent,* **valent** *bœlénn, courageux* et ceux qui se terminent en **-lent** comme **opulent** *oupoulénn, opulent,* **violent** *bioulénn, violent,* etc.

• Ceux qui se terminent par une voyelle neutre (le son œ) dans leur immense majorité :

| | | |
|---|---|---|
| **amable** | *œmabbllœ* | aimable |
| **doble** | *dóbbllœ* | double |
| **cèlebre** | *sèllœbrœ* | célèbre |
| **jove** | *jóbœ* | jeune |

Attention ! Un certain nombre d'adjectifs dont le masculin se termine en -**e** ont la forme féminine en -**a**, en particulier :
– ceux qui se terminent en **-cte** comme **directe** *dirèktœ,* **correcte** *kourrèktœ* ;
– ceux qui se terminent en **-pte** comme **apte** *aptœ,* **inepte** *inèptœ* ;
– ceux qui se terminent en **-ple** comme **triple** *tripplœ* ;
– ceux qui se terminent en **-gne** comme **digne** ;
– ainsi que **agre** *agrœ, aigre,* **altre** *altrœ, autre,* **ample** *ammpllœ, vaste,* **aspre** *asprœ, âpre,* **còmode** *kòmoudœ, commode,* **magre** *magrœ, maigre,* **pobre** *pòbrœ, pauvre,* etc.

Tous les dictionnaires indiquent le féminin lorsqu'il y a une forme propre. Ne soyez donc pas inquiet !

• Les adjectifs **gran** *grann*, *grand*, **suau** *souaou*, *doux*, **breu** *bréou*, *bref*, **lleu** *l'yéou*, *léger*, **greu** *gréou*, *grave*, **sublim** *soublimm*, *sublime* et un certain nombre d'autres.

En règle générale le catalan place l'adjectif qualificatif après le nom :

| | | |
|---|---|---|
| **un cotxe petit** | *ounn kóttchœ pœtitt* | une petite voiture |
| **un llibre bonic** | *ounn l'yibrœ bounik* | un beau livre |
| **una tassa plena** | *ounœ tassœ plènœ* | une pleine tasse |

mais ce n'est pas toujours le cas, et là encore l'usage vous permettra d'affiner votre compétence linguistique.

UN COTXE PETIT
*(une petite voiture)*

## Quelques adjectifs utiles et fréquents

| | | |
|---|---|---|
| **pobre/-a** | *pòbrœ/-œ* | pauvre |
| **ric/a** | *rrik/œ* | riche |
| **barat,a** | *bœratt/œ* | bon marché |

| | | |
|---|---|---|
| **car/a** | *kar/œ* | cher/-ère |
| **prim/a** | *primm/œ* | mince |
| **gruixut/-uda** | *grouchoutt/-oudœ* | épais/se |
| **simple** | *simmplœ* | simple |
| **difícil** | *difissill* | difficile |
| **gandul/a** | *ganndoull/œ* | fainéant/e |
| **diligent** | *dillijénn* | appliqué/e |
| **bo/na** | *bò/nœ* | bon/ne |
| **dolent/a** | *doullénn/tœ* | méchant/e, mauvais/e |
| **clar/a** | *kla/rœ* | clair/e |
| **fosc/a** | *fóssk/kœ* | sombre |
| **jove** | *jóbœ* | jeune |
| **gran** | *grann* | âgé/e |
| **fred/a** | *frètt/frèdœ* | froid/e |
| **calent/a** | *kœllénn/tœ* | chaud/e |
| **petit/a** | *pœtitt/pœtitœ* | petit/e |
| **gran** | *grann* | grand/e |
| **curt/a** | *kourtt/kourtœ* | court/e |
| **llarg/a** | *l'yark/l'yargœ* | long/ue |
| **lent/a** | *lénn/lénntœ* | lent/e |
| **ràpid/a** | *rrapitt/rrapidœ* | rapide |
| **lleuger/a** | *l'yéoujé/rœ* | léger/-ère |
| **pesant** | *pœzann* | lourd/e |
| **alegre** | *œllégrœ* | joyeux/-euse |
| **trist/a** | *tristt/trisstœ* | triste |
| **nou/nova** | *nóou/nóbœ* | nouveau/-elle |
| **vell/a** | *bél'y'/bél'yœ* | vieux, vieille |
| **baix/a** | *bach/bachœ* | petit/e (en taille) |
| **alt/a** | *all/alltœ* | hau/e, grand/e |
| **correcte/a** | *kourrèktœ/œ* | correct/e |
| **fals/a** | *fallss/fallssœ* | faux/-sse |
| **net/a** | *nètt/nètœ* | propre |
| **brut/a** | *broutt/broutœ* | sale, brut/e |
| **tou/tova** | *tóou/tóbœ* | mou/molle |
| **dur/a** | *dou/dourœ* | dur/e |

## Quelques couleurs

| | | |
|---|---|---|
| **blanc/a** | *blannk / blannkœ* | blanc/he |
| **negre/a** | *nègrœ/œ* | noir/e |
| **blau/blava** | *blaou / blabœ* | bleu/e |
| **vermel/a** | *bœrmél'y' / bœrmél'yœ* | rouge |
| **groc/groga** | *gròk / gràgœ* | jaune |
| **verd/a** | *bèrtt / bèrdœ* | vert/e |
| **marró** | *mœrró* | marron |
| **castany/a** | *kœsstagn' / kœsstagnœ* | châtain |

# COMPARATIFS ET SUPERLATIFS

## Comparatifs

### • Comparatif de supériorité : plus... que

Comme le français, le catalan utilise le comparatif de supériorité : **més... que**.

**més lleuger**
*méss l'yéoujé*
plus léger

**més lleugera**
*méss l'yéoujérœ*
plus légère

**més lleugers**
*méss l'yéoujéss*
plus légers

**més lleugeres**
*méss l'yéoujérœss*
plus légères

**El vi bo és més car que les pixarelles.**
*œll bi bò éz méss kar kœ lœz pichœrél'yœss*
le vin bon est plus cher que les "pissettes"
Le bon vin est plus cher que la piquette.

### • Comparatif d'égalité : aussi... que

Le comparatif d'égalité se construit avec **tan... com**.

**Aquest llibre és tan interessant com l'altre.**
*akètt l'yibrœ éz tann intœrœssann kòmm lalltrœ*
ce livre est tant intéressant comme l'autre
Ce livre est aussi intéressant que l'autre.

### • Comparatif d'infériorité : moins… que

On peut utiliser **menys… que**.
Cette construction est beaucoup moins employée qu'en français. Le catalan la remplace par :

– le comparatif de supériorité avec l'adjectif opposé :

**Això és més barat.**
*œchò éz méz bœratt*
ceci est plus bon marché
Ceci est moins cher.

– le comparatif d'égalité négatif :

**Aquest disc no és tan car com l'altre.**
*œkètt dissk no éz tann kar kómm lalltrœ*
ce disque non est autant cher comme l'autre
Ce disque est moins cher que l'autre.

Certains adjectifs ont des formes particulières au comparatif :

| | | |
|---|---|---|
| **bo** bon | **bona** bonne | **millor** meilleur |
| **mal** mauvais | **mala** mauvaise | **pitjor** pire |
| **gran** grand/e | | **major** plus grand/e |
| **petit** petit | **petita** petite | **menor** plus petit/e |

## Superlatifs

### • Superlatif absolu : très + adjectif.

Dans ce cas, le catalan utilise deux possibilités :
– **molt** + adjectif

**Aquest noi és molt intel·ligent.**
*œkètt nòï éz móll inntœll-llijénn*
Ce garçon est très intelligent.

**Aquesta noia també és molt intel·ligent.**
*œkèsstœ nòïœ tœmmbé éz móll inntœll-llijénn*
Cette fille aussi est très intelligente.

– adjectif + **íssim**, **íssima**

C'est généralement une forme de superlatif plus forte. Ainsi **una ferida molt greu**, *une blessure très grave* sera moins dramatique que **greuíssima**, *très, très grave*.
C'est une forme difficile à manier, et il vaut mieux en noter l'usage avant de l'employer.

• Superlatif relatif : le plus + adjectif (que / de)

– **el més**, **la més**, **els més**, **les més**...

**Aquest llibre d'història és el més interessant que tinc a casa.**
*œkètt l'yibrœ d'hisstòriœ éz œll méz intœrœssann kœ tinnk œ kazœ*
ce livre d'histoire est le plus intéressant que j'ai à maison
Ce livre d'histoire est le plus intéressant que j'aie chez moi.

**Aquella badia és la més bonica de tota la costa.**
*œkèl'yœ bœdiœ éz la méss bounikœ dœ tótœ la kòsstœ*
Cette baie est la plus jolie de toute la côte.

# LES PRONOMS PERSONNELS

## Pronoms sujet

| Singulier | Pluriel |
|---|---|
| **jo** *jó* moi, je | **nosaltres** *nouzalltrœss* nous |
| **tu** *tou* toi, tu | **vosaltres** *bouzalltrœss* vous (pluriel de tu) |

| | |
|---|---|
| **ell** *él'y'* / **ella** *él'yœ* lui, il, elle | **ells** *él'y'ss* / **elles** *él'yœss* eux, ils, elles |
| **vostè** *bousstè* vous (politesse sing.) | **vostès** *bousstèss* vous (politesse pluriel) |

Alors qu'en français, l'usage du pronom personnel sujet est toujours obligatoire, tel n'est pas le cas en catalan, puisque toutes les personnes du verbe ont une terminaison particulière. Ainsi **canto**, *je chante* est différent de **cantes**, *tu chantes* et de **canta**, *il chante*. Le catalan utilisera donc les pronoms sujet uniquement pour insister : **jo canto** équivaut à *moi, je chante*.

Dans beaucoup de zones linguistiques catalanes, on utilise aussi le **Vós**, forme de politesse construite avec la deuxième personne du pluriel, comme en français.

| Singulier | Pluriel |
|---|---|
| **jo, parlo** moi, je parle | **nosaltres, parlem** nous, nous parlons |
| **tu, parles** toi, tu parles | **vosaltres, parleu** vous, vous parlez |
| **ell/ella, parla** lui/elle, il/elle parle | **ells/elles, parlen** eux/elles, ils/elles parlent |
| **vostè parla** vous, vous parlez (politesse) | **vostès parlen** vous, vous parlez (politesse) |
| **Vós, parleu** Vous, vous parlez (politesse) | |

**Ell parla italià, però jo no.**
Lui, il parle italien, mais moi non.

Derrière une préposition le pronom personnel de première personne prend la forme suivante : **mi**.

**A mi m'agraden els peixos.**
*œ mi m'œgraden œllz péchouss*
à moi me-plaisent les poissons
Moi, j'aime les poissons.

Il existe aussi une forme de pronom réfléchi pour la troisième personne : **si**.

> **Ell parla sempre de si mateix.**
> *él'y' parlœ sémmprœ dœ si mœtéch*
> lui, il-parle toujours de soi même
> Lui, il parle toujours de lui.

## Pronoms complément

### • Les pronoms complément d'objet direct

Ils prennent plusieurs formes selon qu'ils sont placés :
- devant un verbe commençant par une voyelle (1) ;
- devant un verbe commençant par une consonne (2) ;
- derrière un verbe terminé par consonne (3) ;
- derrière un verbe terminé par voyelle (4).

| | 1 | 2 | 3 | 4 |
|---|---|---|---|---|
| me | **m'** | **em** | **-me** | **'m** |
| te | **t'** | **et** | **-te** | **'t** |
| le | **l'** | **el** | **-lo** | **'l** |
| la | **l'** ou **la** | **la** | **-la** | **-la** |
| nous | **ens** | **ens** | **-nos** | **'ns** |
| vous | **us** | **us** | **-vos** | **'us** |
| les (m.) | **els** | **els** | **-los** | **'ls** |
| les (f.) | **les** | **les** | **-les** | **-les** |
| en | **n'** | **en** | **-ne** | **'n** |
| le (neutre, cela) | **ho** | **ho** | **-ho** | **-ho** |

### • Les pronoms complément d'objet indirect

(attribution ou datif)

| | | | | |
|---|---|---|---|---|
| à lui, à elle | **li** | **li** | **-li** | **-li** |
| à eux, à elles | **els** | **els** | **-los** | **'ls** |

Remarque : la règle de l'élision du pronom féminin singulier est la même que celle de l'article féminin singulier : **la** devient **l'** devant voyelle sauf devant le **i** et le **u** innaccentué.

La terminaison **eu** et **iu** de la deuxième personne du pluriel est considérée comme une consonne.

**Em coneix bé.**
*œmm kounèch bé*
me il-connaît bien
Il me connaît bien.

**Et coneix.**
*œtt kounèch*
te il-connaît
Il te connaît.

**El meu amic m'ha convidat. Li portaré una ampolla de xampany.**
*œll méou œmik m'a kounnbidatt. li pourtœré oun' œmmpól'yœ dœ chœmmpagn'*
le mien ami m'a invité. lui je-porterai une bouteille de champagne
Mon ami m'a invité. Je vais lui apporter une bouteille de champagne.

**Crideu-me a les sis.**
*kridèou-mœ œ lœss ssiss*
appelez-moi à les six
Appelez-moi à six heures.

**Els companys ens espereran a l'estació.**
*œllss koummpagn'ss œnnz œzpœrœrann œ llœsstœssió*
Les camarades nous attendront à la gare.

**Doneu-vos les mans.**
*dounèou-bouss lœz mannss*
Donnez-vous la main.

**Qui ha deixat això ?**
*ki a dœchatt œchò*
Qui a laissé ça ?

**En Pere ho ha deixat.**
*œnn pérœ ou a dœchatt*
Pere l'a laissé.

**Qui ha deixat el llibre ?**
*ki a dœchatt œll l'yibrœ*
Qui a laissé le livre ?

**En Joan l'ha deixat.**
*œnn jouann l'a dœchatt*
Joan l'a laissé.

**Als nens, els donaré un entrepà.**
*œllz nènnss, œllz dounœré ounn œnntrœpa*
aux enfants, leur je-donnerai un sandwich
Aux enfants, je leur donnerai un sandwich.

**Ja és hora, dóna'ls el berenar.**
*ja éz òrœ, dónœllz œll bœrœna*
déjà est heure, donne-leur le goûter
C'est l'heure, donne-leur le goûter.

**La Maria us prepararà el sopar.**
*lœ mœriœ ouz prœpœrœra œll soupa*
la Marie vous preparera le dîner
Maria va vous préparer le dîner.

**Que teniu pa ? Encara en tinc.**
*kœ tœniou pa ? œnnkarœ'nn tinnk.*
que vous-avez pain ? encore en j'ai
Vous avez du pain ? J'en ai encore.

**Espera'ns a dos quarts de set.**
*œsspérœnnz œ dóss kouarss dœ sètt*
attends-nous à deux quarts de sept
Attends-nous à six heures et demie.

## LES POSSESSIFS

Les possessifs catalans ont une particularité : ils sont toujours précédés de l'article. Ainsi "ma maison" se dit, mot à mot "la mienne maison". Voici ci-dessous le tableau qu'il faut connaître pour comprendre vos interlocuteurs et pour vous exprimer le plus clairement possible.

| Masculin | | Féminin | |
|---|---|---|---|
| Singulier | Pluriel | Singulier | Pluriel |
| **el meu** | **els meus** | **la meva** | **les meves** |
| *œll méou* | *œllz méouss* | *la mébœ* | *lœz mébœss* |
| mon | mes | ma | mes |
| **el teu** | **els teus** | **la teva** | **les teves** |
| *œll téou* | *œllz téouss* | *la tébœ* | *lœz tébœss* |
| ton | tes | ta | tes |

| | | | |
|---|---|---|---|
| **el seu** | **els seus** | **la seva** | **les seves** |
| *œll séou* | *œllz séouss* | *la sébœ* | *lœz sébœss* |
| son | ses | sa | ses |
| votre (polit.) | vos (polit.) | votre | vos (polit.) |
| **el nostre** | **els nostres** | **la nostra** | **les nostres** |
| *œll nòsstrœ* | *œllz nòsstrœss* | *la nòsstrœ* | *lœz nòsstrœss* |
| notre | nos | notre | nos |
| **el vostre** | **els vostres** | **la vostra** | **les vostres** |
| *œll bòsstrœ* | *œllss bòsstrœss* | *la bòsstrœ* | *lœss bòsstrœss* |
| votre | vos | votre | vos |
| **el seu** | **els seus** | **la seva** | **les seves** |
| *œll séou* | *œllss séouss* | *la sébœ* | *lœss sébœss* |
| leur | leurs | leur | leurs |
| votre (polit.) | vos (polit.) | votre | vos (polit.) |

Remarque : le catalan possède aussi un possessif qui correspond au français "leur", pour indiquer un possesseur pluriel. Sous l'influence du castillan, l'usage populaire avait presque disparu, sauf en Catalogne Nord. Depuis, avec l'officialisation de la langue catalane, cette forme semble rentrer peu à peu en usage.

| | | | |
|---|---|---|---|
| **llur** | **llur** | **llurs** | **llurs** |
| *l'your* | *l'your* | *l'yourss* | *l'yourss* |
| leur | leur | leurs | leurs |

À côté de ces formes, le catalan conserve des formes faibles, c'est-à-dire non accentuées, uniquement pour les liens de parenté (frère, sœur, père, mère) dans la langue moderne :

– **el meu pare** ou **mon pare**, *mon père* ;
– **la meva mare** ou **ma mare**, *ma mère* ;
– **el meu germà** ou **mon germà**, *mon frère* ;
– **la meva germana** ou **ma germana**, *ma sœur* ;
– **el seu pare** ou **son pare**, *son père* ;
– **la seva mare** ou **sa mare**, *sa mère*.

Les formes correspondantes au pluriel :

| | |
|---|---|
| **mos**, **tos**, **sos** au masculin,<br>**mes**, **tes**, **ses** au féminin | mes, tes, ses, leurs |

**La meva casa és a vora mar.**
*la mébœ kazœ éz œ bòrœ mar*
la mienne maison est près-de la-mer
Ma maison est au bord de la mer.

**M'agrada molt el teu cotxe.**
*m'œgradœ móll œll téou kótchœ*
me plait beaucoup la tienne voiture
J'aime beaucoup ta voiture.

**En Ramon i els seus amics aniran a la platja.**
*œnn rrœmónn i œllss séouz œmikz œnirann œ lœpladjœ*
Ramon et les siens amis iront à la plage
Ramon et ses amis iront à la plage.

Notons que les formes **el meu**, **el teu**, etc., servent aussi de pronoms possessifs.

**Aquest llibre és el meu.**
*œkètt l'yibrœ éz œll méou*
ce livre est le mien
Ce livre est le mien.

**Aquest cotxe és el teu.**
*œkètt kóttchœ éz œll téou*
ce voiture est le tien
Cette voiture est la tienne.

Emplois particuliers : ces formes

- traduisent le français "à moi, à toi, à lui", etc.

**aquest got és meu**
*œkètt gòtt éz méou*
ce verre est à moi (est mien)

**aquesta tovallola de bany és seva**
*œkèsstœ toubœl'yólœ dœ bagn' éss sébœ*
ce drap de bain est à lui (est sien)

• remplacent "moi, toi, lui", etc. derrière une préposition

**era devant meu**
il était devant moi

**anava devant nostre**
il allait devant nous

## LE VERBE

Les verbes catalans se répartissent en trois conjugaisons.

1. terminaison en **-ar** : **cantar**, *chanter*
2. terminaison en **-re** : **perdre**, *perdre* et **-er** : **témer**, *craindre*
3. terminaison en **-ir** : **servir**, *servir* et **dormir**, *dormir*

Comme nous l'avons déjà vu, le catalan n'emploie pas de pronom personnel devant les formes verbales, sauf lorsqu'il veut insister : **canto**, *je chante*, **jo canto**, *moi, je chante*.

### Le présent

Les verbes de la première conjugaison ne présentent guère de problème. C'est sur ce modèle que la majorité des nouveaux verbes se forment.

| **cantar** | *kœnnta* | chanter |
|---|---|---|
| **canto** | *kanntou* | je chante |
| **cantes** | *kanntœss* | tu chantes |
| **canta** | *kanntœ* | il, elle chante |
| **cantem** | *kœnntèmm* | nous chantons |
| **canteu** | *kœnntèou* | vous chantez |
| **canten** | *kanntœnn* | ils, elles chantent |

Les verbes de la deuxième conjugaison suivent au présent le modèle **perdre**.

| **perdre** | *pèrdrœ* | perdre |
|---|---|---|
| **perdo** | *pèrdou* | je perds |
| **perds** | *pèrss* | tu perds |
| **perd** | *pèrtt* | il, elle perd |
| **perdem** | *pœrdèmm* | nous perdons |
| **perdeu** | *pœrdèou* | vous perdez |
| **perden** | *pèrdœnn* | ils, elles perdent |

La majorité des verbes de la troisième conjugaison suivent le modèle **servir**. C'est d'ailleurs sur ce modèle que les nouveaux verbes de ce troisième groupe se conjuguent.

| **servir** | *sœrbi* | servir |
|---|---|---|
| **serveixo** | *sœrbéchou* | je sers |
| **serveixes** | *sœrbéch ss* | tu sers |
| **serveix** | *sœrbéch* | il, elle sert |
| **servim** | *sœrbimm* | nous servons |
| **serviu** | *sœrbiou* | vous servez |
| **serveixen** | *sœrbéchœnn* | ils, elles servent |

| **dormir** | *dourmi* | dormir |
|---|---|---|
| **dormo** | *dòrmou* | je dors |
| **dorms** | *dòrmmss* | tu dors |
| **dorm** | *dòrmm* | il, elle dort |
| **dormim** | *dourmimm* | nous dormons |
| **dormiu** | *dourmiou* | vous dormez |
| **dormen** | *dòrmœnn* | ils, elles dorment |

Comme dans toutes les langues romanes, les verbes les plus fréquents sont souvent irréguliers.
Avant d'arriver sur le territoire catalan, si naturellement vous avez l'intention de faire l'effort de parler catalan, il est bon de regarder attentivement les verbes irréguliers les plus courants.

| | **anar** | **veure** | **dir** | **venir** | **tenir** |
|---|---|---|---|---|---|
| | *œna* | *bèourœ* | *di* | *bœni* | *tœni* |
| | aller | voir | dire | venir | avoir |
| je | **vaig** | **veig** | **dic** | **vinc** | **tinc** |
| | *batch'* | *bètch'* | *dik* | *binnk* | *tinnk* |
| tu | **vas** | **veus** | **dius** | **véns** | **tens** |
| | *bass* | *bèouss* | *diouss* | *bénnss* | *ténns* |
| il, elle | **va** | **veu** | **diu** | **ve** | **té** |
| vous (polit.) | *ba* | *bèou* | *diou* | *bé* | *té* |
| nous | **anem** | **veiem** | **diem** | **venim** | **tenim** |
| | *œnèmm* | *bœièmm* | *dièmm* | *bœnimm* | *tœnimm* |
| vous | **aneu** | **veieu** | **dieu** | **veniu** | **teniu** |
| | *œnèou* | *bœièou* | *dièou* | *bœniou* | *tœniou* |
| ils, elles | **van** | **veuen** | **diuen** | **vénen** | **tenen** |
| vous (polit. pl.) | *bann* | *bèouœnn* | *diouœnn* | *bénœnn* | *ténœnn* |

Attention : ne pas confondre **véns** *bénnss, tu viens* et **vens** *bènnss, tu vends* ; **vénen** *bénœnn, ils viennent*, et **venen** *bènœnn, ils vendent.*
Encore une fois, remarquez l'importance de l'accentuation.

| | **saber** | **creure** | **voler** | **poder** | **fer** |
|---|---|---|---|---|---|
| | savoir | croire | vouloir | pouvoir | faire |
| je | **sé** | **crec** | **vull** | **puc** | **faig** |
| | *sé* | *krèk* | *boul'y'* | *pouk* | *fatch'* |
| tu | **saps** | **creus** | **vols** | **pots** | **fas** |
| | *sapss* | *krèouss* | *bòllss* | *pòttss* | *fass* |
| il, elle, | **sap** | **creu** | **vol** | **pot** | **fa** |
| vous (polit.) | *sapp* | *krèou* | *bòll* | *pòtt* | *fa* |
| nous | **sabem** | **creiem** | **volem** | **podem** | **fem** |
| | *sœbèmm* | *krœièmm* | *boulèmm* | *poudèm* | *fèmm* |
| vous | **sabeu** | **creieu** | **voleu** | **podeu** | **feu** |
| | *sœbèou* | *krœièou* | *boulèou* | *poudèou* | *fèou* |
| ils, elles, | **saben** | **creuen** | **volen** | **poden** | **fan** |
| vous | *sabœnn* | *krèouœnn* | *bòllœnn* | *pòdœnn* | *fann* |

## Être : ser / estar

Le catalan dispose de deux verbes pour traduire le français "être". Pour ceux qui connaissent déjà l'espagnol (castillan), il faudra faire attention car l'emploi de ces deux verbes est souvent différent. Regardons d'abord la conjugaison :

| | **ser** | *sé* | **estar** | *œssta* |
|---|---|---|---|---|
| je | **sóc** | *sók* | **estic** | *œsstik* |
| tu | **ets** | *éttss* | **estàs** | *œsstass* |
| il, elle, vous | **és** | *éss* | **està** | *œssta* |
| nous | **som** | *sómm* | **estem** | *œsstèmm* |
| vous | **sou** | *sóou* | **esteu** | *œsstèou* |
| ils, elles, vous | **són** | *sónn* | **estan** | *œsstann* |

### • Emploi du verbe Ser

- "Être" au sens d'exister :

  **Som i serem...**
  *sómm i sœrèmm*
  Nous sommes et nous serons...

- Pour désigner la qualité ou l'attribut :

  **El meu pare és metge.**
  *œll méou parœ ézmédjœ*
  Mon père est médecin.

- Auxiliaire du passif :

  **La casa va ser comprada pel meu avi.**
  *lœ kazœ ba sé koummpradœ pœll méou abi*
  La maison a été achetée par mon grand-père.

- Au sens de se trouver :

  **Aquesta tarda sóc a casa.**
  *œkèsstœ tardœ sók œ kazœ*
  Cette après-midi, je suis chez moi.

- Situation dans le temps :

  **Som al 24 de juny.**
  *sómm ll vintikouatrœ de jougn'*
  Nous sommes le 24 juin.

- Pour indiquer la qualité d'une chose, relative dans le temps :

  **Aquesta aigua és freda.**
  *œkèsst'aïgouœ éss frèdœ*
  Cette eau est froide.

  **El cafè és massa calent.**
  *œll kœfè éss massœ kœlénn*
  Le café est trop chaud.

- Au sens d'arriver :

  **Si anem de pressa serem al poble a les sis.**
  *si œnèmm dœ préssœ sœrèmm œll pòbbll'lœss siss*
  Si nous allons vite, nous serons au village à six heures.

- Avec participe passé indiquant le résultat d'une action antérieure :

  **La porta és tancada.**
  *lœ pòrt'éss tœnnkadœ*
  La porte est fermée.

  **El nord de Catalunya era ocupat per l'exèrcit.**
  *œll nòrtt dœ kœtœlougnœ ér'oukoupatt pœr l'œgzèrssitt*
  Le nord de la Catalogne était occupé par l'armée.

- Autres cas :

| | | |
|---|---|---|
| **El seu pare és mort.** | **Som-hi ?** | **Som-hi !** |
| *œll séou parœ éz mórtt* | *sómm- i ?* | *sómm-i !* |
| Son père est mort. | On est prêt ? | Ça y est ! Allons-y. |

- **Emploi du verbe Estar**

- Pour indiquer que quelqu'un a une qualité relative dans le temps :

**Estic segur.**
*œsstik sœgou*
Je suis sûr.

**Està malalt.**
*œssta mœllall*
Il est malade.

- Avec un gérondif pour indiquer une action en train de se faire :

**Estic llegint.**
*œsstik l'yœjinn*
je-suis lisant
Je suis en train de lire.

**Ho està fent.**
*hou œssta fénn*
le il-est faisant
Il est en train de le faire.

- Au sens d'habiter, d'être régulièrement :

**Estic / M'estic a Perpinyà.**
*œsstik / m'œsstik œ pœrpigna*
J'habite à Perpignan.

**Està en aquest despatx però ha sortit i ara no hi és.**
*œssta œnn œkètt dœsspatch pœrò a sourtitt i arœ nó i és*
Il travaille dans ce bureau, mais il est sorti et maintenant il n'y est pas.

- Au sens de rester :

**Demà serem a Girona, hi estarem un parell de dies.**
*dœma sœrèmm œ Girònœ, i œsstœrèmm ounn pœrél'y' dœ diœss*
Demain nous serons à Gérone, nous y resterons (serons) deux jours.

**La botiga està tancada tota la tarda.**
*lœ boutig'œssta tœnnkadœ tótœ lœ tardœ*
La boutique est (reste) fermée toute l'après-midi.

- Autres cas :

**Estigues, nen.**
*œsstiguœss, nènn*
Reste tranquille, petit.

**Està bé.**
*œssta bé*
C'est bon, ça va.

**Aquestes sabates li estan bé.**
*œkèsstœss sœbatœss li'sstann bé*
Ces chaussures lui vont bien.

**Deixa'l estar.**
*déchœll œssta*
Laisse-le tranquille.

**Deixa-ho estar.**
*déchœ-ousta*
Laisse tomber.

**Està de metge en aquest hospital.**
*œssta dœ médjœ œnn œkètt housspitall*
Il est médecin dans cet hôpital.

**Està per arribar.**
*œssta pœr œrriba*
Il est sur le point d'arriver.

**No pot estar-se de fumar.**
*nó pótt œsstar-sœ dœ fouma*
Il ne peut pas se passer de fumer.

**Estarà tres dies a fer-ho.**
*œsstœra trèss diœz œ fér-ou*
Il mettra trois jours à le faire.

AQUESTES SABATES LI ESTAN BÉ.
(Ces chaussures lui vont bien.)

## Quelques constructions verbales importantes

- **haver de** (litt. "avoir de") + infinif : *devoir,* exprime l'obligation et se conjugue ainsi au présent :

| | | |
|---|---|---|
| **haig de...** | **has de...** | **ha de...** |
| *atch' dœ* | *ass dœ* | *a dœ* |
| j'ai de | tu-as de | il/elle-a de / vous-avez de |
| **hem de...** | **heu de...** | **han de...** |
| *èmm dœ* | *èou dœ* | *ann dœ* |
| nous-avons de | vous-avez de | ils/elles ont de / vous-avez de |

**Hem de sortir amb l'avió de les cinc.**
*èmm dœ sourti œmm l'œbió dœ lœss sink*
nous-avons de partir avec l'avion de les cinq
Nous devons partir par l'avion de cinq heures.

**Ho haig de fer abans de demà.**
*ou atch' dœ fé œbannss dœ dœma*
le j'ai de faire avant de demain
Je dois le faire avant demain.

- **haver-hi** : traduit le français *il y a.* Le verbe **haver** est toujours au singulier.

**Hi ha molta gent al carrer.**
*hi ha mólltœ jénn œll kœrré*
y il-a beaucoup monde à-le rue
Il y a beaucoup de monde dans la rue.

**Hi ha tres individus sospitosos.**
*i a trèz inndibidouss souspitózouss*
y il-a trois individus louches
Il y a trois individus louches.

**Hi ha gent que s'estima més el vi negre.**
*i a jénn kœ sœsstimœ méz œll bi nègrœ*
y il-a gens qui s'estime plus le vin noir
Il y a des gens qui préfèrent le vin rouge.

• **caldre** : *falloir*, s'emploie uniquement à la troisième personne, singulier ou pluriel.

**No cal fer-ho així.**
*nó kall férou œchi*
non il-faut faire-le ainsi
Il ne faut pas le faire comme ça.

**Calen llibres per estudiar.**
*kallœnn l'yibrœss pœr œsstoudia*
il-faut livres pour étudier
Il faut des livres pour étudier.

**Cal pitjar aquí per sol·licitar la parada.**
*kall pidjaœki pœr soull-llissita la pœrad*
il-faut appuyer ici pour demander l'arrêt
Il faut appuyer ici pour demander l'arrêt.

**Ens cal anar al mercat.**
*œnnss kall œna' ll mœrkatt*
nous il-faut aller au marché
Il faut que nous allions au marché.

**Et cal donar el regal.**
*œtt kall douna' ll rœgall*
te il-faut donner le cadeau
Il faut que tu donnes le cadeau.

• **Semblar** : sembler, avoir l'air

**Aquest noi sembla intel·ligent.**
*œkètt nóï sèmmblœ intœll-llijénn*
Cet enfant semble intelligent.

**No sé pas què sembles vestit així.**
*no sé pass kè sèmmblœss bœsstitt œchi*
non je-sais pas quoi tu-sembles habillé ainsi
Je ne sais pas de quoi tu as l'air habillé comme ça.

**Què et sembla si partim ara mateix ?**
*kè œtt sèmmblœ si pœrtimm arœ mœtéch ?*
quoi te semble si nous-partons maintenant même
Qu'en penses-tu, si nous partions tout de suite ?

**Em sembla que això acabarà malament.**
*œmm sèmmblœ k'œchò œkœbœra mœlœménn*
me semble que ceci finira de-mauvaise-manière
Il me semble que ça finira mal.

## Le passé

Pour traduire l'idée de passé, le catalan a deux temps bien distincts. Lorsque l'action passée a eu lieu dans un espace de temps terminé, hier, la semaine dernière, au siècle dernier, etc., le catalan emploie un passé simple composé du verbe **anar** + **infinitif**. C'est le prétérit périphrastique. Les deux premières personnes du pluriel sont différentes d'**anar** au sens d'aller.

**vaig mirar ahir**
*batch mira œhi*
je-vais regarder hier
hier j'ai regardé

**vas anar**
*baz œna*
tu-vas aller
tu es allé/e

**Va caure malalt.**
*ba kaourœ mœllall*
il-va tomber malade
Il est tombé malade.

**vam fer**
*bamm fé*
nous-allons faire
nous avons fait

**vau comprar**
*baou koummpra*
vous-allez acheter
vous avez acheté

**Van voler sortir.**
*bann boulé sourti*
ils-vont vouloir sortir
Ils ont voulu sortir.

Attention ! Cette manière de penser est particulière au catalan à l'époque moderne.
Il ne faut pas confondre **vaig fer**, *j'ai fait* (hier), et **vaig a fer**, *je vais faire*.

Remarquons aussi que les deux formes du pluriel, *nous* et *vous*, sont différentes : **anem** pour *aller* et **vam** pour la construction du passé, **aneu** pour *aller* et **vau** pour le passé.

Pour traduire l'action passée qui a eu lieu dans un espace de temps non fini (aujourd'hui, cette semaine, ce mois-ci, dans ce siècle, etc.), le catalan emploie le passé composé, soit le verbe **haver** + participe passé :

| | |
|---|---|
| **he parlat** | j'ai parlé |
| **has parlat** | tu as parlé |
| **ha parlat** | il, elle a parlé |
| **hem parlat** | nous avons parlé |
| **heu parlat** | vous avez parlé |
| **han parlat** | ils, elles ont parlé |

**Aquest matí he perdut la clau del cotxe.**
*œkètt mœti é pœrdoutt la klaou dœll kóttchœ*
ce matin j'ai perdu la clef de-le voiture
Ce matin, j'ai perdu la clef de la voiture.

Les participes passés des modèles des verbes sont les suivants :

| | | | | |
|---|---|---|---|---|
| **cantar** | → | **cantat** | *kœnntatt* | chanté |
| **perdre** | → | **perdut** | *pœrdoutt* | perdu |
| **témer** | → | **temut** | *tœmoutt* | craint |
| **servir** | → | **servit** | *sœrbitt* | servi |
| **dormir** | → | **dormit** | *dourmitt* | dormi |

Tous les passés composés se construisent avec l'auxiliaire **haver**.

| | | |
|---|---|---|
| **he menjat** | *é mœnnjatt* | j'ai mangé |
| **he vingut** | *é binngoutt* | je suis venu/e |
| **he begut** | *é bœgoutt* | j'ai bu |
| **he caigut** | *é kaïgoutt* | je suis tombé/e |
| **hem sortit** | *œmm sourtitt* | nous sommes partis/-es |

Avec le verbe **haver** il y a accord du participe passé si l'antécédent est un pronom personnel.

**Els llibres els he vistos.**
*œllz l'yibrœz œllz é bisstouss*
les livres les j'ai vus
Les livres, je les ai vus.

**La cervesa l'he beguda tota.**
*la sœrbèzœ l'é bœgoudœ tótœ*
la bière la-j'ai bue toute
La bière, je l'ai toute bue.

## Le futur

Comme les autres langues romanes, et donc comme le français, le catalan forme le futur à l'aide de l'infinitif auquel on ajoute la terminaison du présent du verbe avoir. Ainsi, tout comme le français je chanter-ai, tu chanter-as, etc., le catalan utilise **cantar-he**, **cantar-has**, **cantar-ha**, **cantar-hem**, **cantar-heu**, **cantar-han**, mais, la forme étant fusionnée, on aura :

| | | |
|---|---|---|
| **cantaré** | *kœnntœré* | je chanterai |
| **cantaràs** | *kœnntœrass* | tu chanteras |
| **cantarà** | *kœnntœra* | il chantera |
| **cantarem** | *kœnntœrèmm* | nous chanterons |
| **cantareu** | *kœnntœrèou* | vous chanterez |
| **cantaran** | *kœnntœrann* | ils chanteront |

**Necessitarem dues hores.**
*nœssœssitœrèmm douœz hòrœss*
nous-nécessiterons deux heures
Nous avons besoin de / il nous faudra deux heures.

**Pagaré jo.**
*pœgœré jò*
je-paierai moi
C'est moi qui paierai.

Le catalan utilise davantage le futur que le français. Quand ce dernier peut dire "je vais faire ça cette après-midi", le catalan dira : **això ho faré aquesta tarda**.
La construction française "je vais porter" peut se traduire par **vaig a portar** uniquement s'il y a mouvement réel.
Il existe des futurs irréguliers. C'est le cas quand le futur est formé sur d'anciens infinitifs.

| | | |
|---|---|---|
| **tenir** | **tindré** | – ancien infinitif **tindre** |
| **fer** | **faré** | – ancien infinitif **far** |
| **venir** | **vindré** | – ancien infinitif **vindre**, etc. |

Derrière les conjonctions de temps comme **quan**, le catalan peut employer soit :

- le futur quand l'action est sûre :

  **Quan vindré et portaré el llibre.**
  Quand je viendrai, je t'apporterai le livre.

- le subjonctif présent quand l'action est plus hypothétique :

  **Quan vinguis em podràs portar el llibre.**
  quand tu-viennes me tu-pourras porter le livre
  Quand tu viendras, tu pourras me porter le livre. (si tu viens)

## Le subjonctif

Comme le français, le catalan possède le mode subjonctif, mais celui-ci est beaucoup plus fréquemment utilisé en catalan qu'en français. De plus, lorsque l'emploi du subjonctif dépend d'un verbe à un temps autre que le présent, passé composé ou futur, le subjonctif est obligatoirement un subjonctif imparfait (alors que ce dernier est pour ainsi dire inusité en français moderne ; voir ***subjonctif imparfait*** plus loin).

## • Subjonctif présent

| 1re conjugaison : **cantar** | | |
|---|---|---|
| **canti** | *kannti* | que je chante |
| **cantis** | *kanntiss* | que tu chantes |
| **canti** | *kannti* | qu'il chante |
| **cantem** | *kanntèmm* | que nous chantions |
| **canteu** | *kanntèou* | que vous chantiez |
| **cantin** | *kanntin* | qu'ils chantent |

| 2e conjugaison : **perdre** | | |
|---|---|---|
| **perdi** | *pèrdi* | que je perde |
| **perdis** | *pèrdiss* | que tu perdes |
| **perdi** | *pèrdi* | qu'il perde |
| **perdem** | *pœrdèmm* | que nous perdions |
| **perdem** | *pœrdèmm* | que vous perdiez |
| **perdin** | *pèrdinn* | qu'ils perdent |

| 3e conjugaison : **servir** | | |
|---|---|---|
| **serveixi** | *sœrbéchi* | que je serve |
| **serveixis** | *sœrbéchiss* | que tu serves |
| **serveixi** | *sœrbéchi* | qu'il serve |
| **servim** | *sœrbimm* | que nous servions |
| **serviu** | *sœrbiou* | que vous serviez |
| **serveixin** | *sœrbéchinn* | qu'ils servent |

| 3e conjugaison : **dormir** | | |
|---|---|---|
| **dormi** | *dòrmi* | que je dorme |
| **dormis** | *dòrmiss* | que tu dormes |
| **dormi** | *dòrmi* | qu'il dorme |
| **dormim** | *dourmimm* | que nous dormions |
| **dormiu** | *dourmiou* | que vous dormiez |
| **dormin** | *dòrminn* | qu'ils dorment |

**Vull que miris aquest llibre.**
*boul'y' kœ miriz œkètt l'yibrœ*
je-veux que tu-regardes ce livre
Je veux que tu regardes ce livre.

**Perquè no esperis massa, ens donarem cita a les nou.**
*pœrkè nó œsspériz massœ, œnnz dounœrèmm sitœ' llœz nòou*
pour-que non tu-attendes trop, nous nous-donnerons rendez-vous à les neuf
Pour que tu n'attendes pas trop, nous nous donnerons rendez-vous à neuf heures.

**Digueu-li que m'ajudi.**
*diguèou-li kœ m'œjoudi*
dites-lui que me il-aide
Dites-lui de m'aider.

## • Subjonctif imparfait

Si le verbe de la proposition principale est à l'imparfait, au passé simple ou au conditionnel, le subjonctif employé sera le subjonctif imparfait, et ce, obligatoirement. C'est un usage général dans toutes les langues latines, sauf le français.

**Jo volia que miressis aquest llibre.**
*jò boulliœ kœ miréssiz œkètt l'yibrœ*
je voulais que tu regardasses ce livre
Je voulais que tu regardes ce livre.

**Ens vam donar cita a les nou perquè no esperessis massa.**
*œnz bamm douna sitœ'llœz nòou pœrkè nó œsspœréssiss massœ*
nous nous-allons donner rendez-vous à les neuf pour-que non tu-attendisses trop
Nous nous sommes donné rendez-vous à neuf heures pour que tu n'attendes pas trop.

**Li va demanar que l'ajudés.**
*lli ba dœmœna kœ llœjoudéss*
lui il-va demander que l'aidât
Il lui a demandé de l'aider.

• Terminaisons des 1re et 2e conjugaisons du subjonctif imparfait : **-és**, **-essis**, **-és**, **-éssim**, **-éssiu**, **-essin**.

• Terminaison de la 3e conjugaison :**-ís**, **-issis**, **-ís**, **-íssim**, **-íssiu**, **-issin**.

Exemples :

| **donar** | **perdre** | **servir** |
|---|---|---|
| **donés** | **perdés** | **servís** |
| **donessis** | **perdessis** | **servíssis** |
| **donés** | **perdés** | **servís** |
| **donéssim** | **perdéssim** | **servíssim** |
| **donéssiu** | **perdéssiu** | **servíssiu** |
| **donessin** | **perdessin** | **servissin** |

## Les verbes réfléchis

Comme le français, le catalan utilise des verbes réfléchis, mais parfois ils ne correspondent pas dans les deux langues. Une fois encore, c'est la pratique qui permettra de vous rendre compte de la différence de construction. Comme vous l'avez remarqué, les pronoms personnels devant une forme verbale prennent une forme différente selon qu'ils précèdent un verbe commençant par une consonne ou par une voyelle. Nous allons donc prendre un modèle des deux possibilités.

| **rentar-se** | | se laver |
|---|---|---|
| **em rento** | *œmm <u>rrénn</u>tou* | je me lave |
| **et rentes** | *œtt <u>rrén</u>tœss* | tu te laves |
| **es renta** | *œss <u>rrén</u>tœ* | il se lave |
| **ens rentem** | *œnnss rrœnn<u>tèmm</u>* | nous nous lavons |
| **us renteu** | *ouss rrœnn<u>tè</u>ou* | vous vous lavez |
| **es renten** | *œss <u>rrénn</u>tœnn* | ils se lavent |

| **ocupar-se de** | | s'occuper de |
|---|---|---|
| **m'ocupo** | *m'ou<u>kou</u>pou* | je m'occupe |
| **t'ocupes** | *t'ou<u>kou</u>pœss* | tu t'occupes |
| **s'ocupa** | *s'ou<u>kou</u>pœ* | il s'occupe |

| | | |
|---|---|---|
| **ens ocupem** | *œnnz oukoupèmm* | nous nous occupons |
| **us ocupeu** | *ouz oukoupèou* | vous vous occupez |
| **s'ocupen** | *s'oukoupœnn* | ils s'occupent |

Comme d'autres langues romanes, le catalan utilise la forme réfléchie lorsque le français utilise le pronom personnel "on" : *on parle catalan*, **es parla català** / *on paie les billets*, **es paguen les entrades...**

Exemples de différence de construction :

| | |
|---|---|
| **quedar-se** | **estar-se** |
| rester | rester, habiter |

à côté de :

| | |
|---|---|
| **callar** | **cuitar** |
| se taire | se dépêcher |

**Cuita a vestir-te, que ja són les set.**
*kouïtœ œ bœsstir-tœ, kœ ja sónn lœss sètt*
dépèche à habiller-toi, que dejà sont les sept
Dépèche-toi de t'habiller, il est déjà sept heures.

**Tu, calla : no diguis res !**
*tou kal'yœ : nó diguiss rrèss !*
toi, tais : ne dises rien
Toi, tais-toi : ne dis rien !

## L'impératif

Le catalan emploie l'impératif pour donner un ordre, tout comme le français. Mais attention, car les formes de politesse **vostè**, **vostès**, qui sont à la troisième personne du singulier et du pluriel, s'emploient avec un subjonctif.

| | | | | | |
|---|---|---|---|---|---|
| **cantar** | chanter | **témer** | craindre | **dormir** | dormir |
| **canta** | chante | **tem** | crains | **dorm** | dors |
| **canti** | chantez (polit. sing.) | **temi** | craignez | **dormi** | dormez |

| | | | | | |
|---|---|---|---|---|---|
| **cantem** | chantons | **temem** | craignons | **dormim** | dormons |
| **canteu** | chantez | **temeu** | craignez | **dormiu** | dormez |
| **cantin** | chantez (polit. pl.) | **temeu** | craignez | **dormin** | dormez |

Pour le modèle **servir**, *servir*, les formes sont les suivantes :

| | |
|---|---|
| **serveix** | sers |
| **serveixi** | servez (politesse singulier) |
| **servim** | servons |
| **serviu** | servez |
| **serveixin** | servez (politesse pluriel) |

Voici l'impératif de quelques verbes irréguliers d'usage courant :

| **anar** | **estar** | **ser** | **dir** | **fer** | **venir** |
|---|---|---|---|---|---|
| aller | être | être | dire | faire | venir |
| **vés** | **estigues** | **sigues** | **digues** | **fes** | **vine** |
| va | sois | sois | dis | fais | viens |
| **vagi** | **estigui** | **sigui** | **digui** | **faci** | **vingui** |
| allez | soyez | soyez | dites | faites | venez |
| **anem** | **estiguem** | **siguem** | **diguem** | **fem** | **vinguem** |
| allons | soyons | soyons | disons | faisons | venons |
| **aneu** | **estigueu** | **sigueu** | **digueu** | **feu** | **veniu** |
| allez | soyez | soyez | dites | faites | venez |
| **vagin** | **estinguin** | **siguin** | **diguin** | **facin** | **vinguin** |
| allez | soyez | soyez | dites | faites | venez |

| **creure** | **saber** | **veure** | **tenir** | **córrer** | **dur** |
|---|---|---|---|---|---|
| croire | savoir | voir | avoir | courir | porter |
| **creu** | **sàpigues** | **veges, ves** | **tingues, té** | **corre** | **duu, du** |
| crois | sache | vois | aie | cours | porte |
| **cregui** | **sàpiga** | **vegi** | **tingui** | **corri** | **dugui** |
| croyez | sachez | voyez | ayez | courez | portez |
| **creguem** | **sapiguem** | **vegem** | **tinguem** | **correguem** | **duguem** |
| croyons | sachons | voyons | ayons | courons | portons |

| | | | | | |
|---|---|---|---|---|---|
| **creieu** | **sapigueu** | **vegeu** | **teniu** | **correu** | **dueu** |
| croyez | sachez | voyez | ayez | courez | portez |
| **creguin** | **sàpiguen** | **vegin** | **tinguin** | **corrin** | **duguin** |
| croyez | sachez | voyez | ayez | courez | portez |

## "Tu" et "vous"

### • Le tutoiement (El tuteig)

Il est beaucoup plus fréquent qu'en français, et il est naturel de se tutoyer dès qu'on se connaît. Au singulier, on emploie la deuxième personne du singulier **tu** et au pluriel la deuxième du pluriel, **vosaltres**. Le débutant en catalan n'aura aucune difficulté à l'emploi.

### • Le vouvoiement (El tractament de vós o vostè)

L'emploi est plus difficile pour le francophone qui utilise le vous avec la deuxième personne du pluriel alors que la catalan a plusieurs solutions :

• **vós** + la deuxième personne du pluriel (ne pas confondre avec **vosaltres**, pluriel de **tu**).

Cette forme a vu son usage se réduire sous l'influence de *Usted* castillan, mais vous la trouverez encore fréquemment selon les zones et les locuteurs.

**Vós, què fareu demà ?**
*bóss, kè fœrèou dœma*
vous, que vous-ferez demain
Vous, que faites-vous demain ?

**Podeu acompanyar-me ?**
*poudèou œkoumpœgnar-mœ*
vous-pouvez accompagner-me
Pouvez-vous m'accompagner ?

• **vostè** forme de politesse singulier, **vostès** forme de politesse pluriel.
Ces formes sont des contractions de "votre grâce", "vos grâces" et se construisent donc avec des troisièmes personnes. Mot à mot *vous venez demain* (une personne) devient "votre grâce vient demain", **vostè vindrà demà** et *vous venez demain* (plusieurs personnes) "vos grâces viennent demain", **vostès vindran demà**.
Cet usage est actuellement majoritaire et n'a pas la connotation désuète du français, mais le retour du **vós** est notable sous l'influence de la langue écrite, de la langue de l'administration et de l'enseignement.

**Ha dormit bé ?**
*a dourmitt bé*
a dormi bien
Avez-vous bien dormi ?

**Ha dormit bé, vostè ?**
*a dourmitt bé, bousstè*
a dormi bien, votre grâce
Avez-vous bien dormi ?

**Han trobat l'oficina de turisme ?**
*ann troubatt l'oufissinœ dœ tourizmœ*
ont trouvé l'office de tourisme
Avez-vous trouvé l'office de tourisme ?

**Els ha agradat la pel·lícula ?**
*œllz a'grœdatt lapœll-llikoullœ*
leur a plu le film
Avez-vous aimé le film ?

**Què li agrada a Catalunya ?**
*kè li'gradœ œ kœtœlougnœ*
quoi lui plaît en Catalogne
Qu'est-ce qui vous plaît en Catalogne ?

**Li toca a vostè dir el que pensa.**
*li tòkœ œ bousstè di œll kœ pènnssœ*
lui touche à vous dire le que pense
À votre tour de dire ce que vous pensez.

# POSER UNE QUESTION

Il y a plusieurs manières de poser une question. La question fermée est posée de telle sorte que la seule réponse possible est oui ou non. Dans ce cas, la phrase interrogative peut avoir la même construction que la phrase affirmative. C'est l'intonation qui montre l'interrogation, et dans la langue écrite c'est le point d'interrogation en fin de phrase (**l'interrogant**).

**Aquest és el llibre de què m'has parlat.**
*œkèsstt éz œll l'yibrœ dœ kè m'az pœrlatt*
celui-ci est le livre de quoi me tu-as parlé
C'est le livre dont tu m'as parlé.

**Aquest és el llibre de què m'has parlat ?**
*œkèsstt éz œll l'yibrœ dœ kè m'az pœrlatt ?*
celui-ci est le livre de quoi me tu-as parlé
Est-ce le livre dont tu m'as parlé ?

On peut aussi dire : **És aquest el llibre de què m'has parlat ?** C'est la vraie forme interrogative.

Une autre façon est d'introduire la phrase interrogative par un **que** purement explétif, c'est-à-dire sans valeur réelle.

**T'agrada passar una estona aquí ?**
*t'œgradœ pœssa oun' œsstónœ'ki*
te-plaît passer un moment ici
Tu aimes passer un moment ici ?

**Que t'agrada passar una estona aquí ?**
*kœ t'œgradœ pœssa oun'œsstón œ'ki*
que te plaît passer un moment ici
Est-ce que tu aimes passer un moment ici ?

Mais, dans la plupart des cas, la question posée est ouverte et le demandeur ne connaît pas la réponse. Il faut alors utiliser toute une serie de mots interrogatifs tels que :

| | | |
|---|---|---|
| **què** | *kè* | quoi |
| **qui** | *ki* | qui |
| **com** | *kòmm* | comment |
| **per què** | *pœrkè* | pourquoi |
| **quan** | *kouann* | quand |
| **on** | *ónn* | où |
| **d'on** | *d'ónn* | d'où |
| **cap a on** | *kap œ ónn* | vers où |
| **quant** | *kouann* | combien (m. sing.) |
| **quanta** | *kouannt* | combien (f. sing.) |
| **quants** | *kouannss* | combien (m. pl.) |
| **quantes** | *kouanntœss* | combien (f. pl.) |
| **quin** | *kinn* | quel |
| **quina** | *kinœ* | quelle |
| **quins** | *kinnss* | quels |
| **quines** | *kinœss* | quelles |

**Què és això ?**
*kè éz œchò*
quoi est ceci
Qu'est-ce que c'est ?

**A quina hora s'acaba ?**
*a kin'hòrœ sœkabœ*
a quelle heure s'achève
À quelle heure ça finit ?

**Quan comença la sessió ?**
*kouann kouménnssœ la sœssió*
quand commence la séance
Quand commence la séance ?

**Com et dius ?**
*kòmm œtt diouss*
comment te dis-tu
Comment t'appelles-tu ?

**Quants anys tens ?**
*kouannz agn'ss ténnss*
combien années tu-as
Quel âge as-tu ?

**Quin seient t'estimes més ?**
*kinn sœïénn t'œsstimœss méss*
quel siège t'estimes plus
Quel siège tu préfères ?

# LA NÉGATION

Pour nier, exprimer une action ou un état négatif, le catalan utilise l'adverbe de négation **no**. **No** doit précéder le verbe ou le pronom personnel faible, s'il y en a.

**Avui no ha vingut.**
*œbouï nó a binngoutt*
aujourd'hui non il-a venu
Aujourd'hui, il n'est pas venu.

**Vol el llibre, però no l'hi donarem.**
*bòll œll l'yibrœ, p'rò nó li dounœrèmm*
il-veut le livre, mais non le-lui donnerons
Il veut le livre, mais nous ne le lui donnerons pas.

**Anit no sortirem.**
*œnitt nó sourtirèm*
ce soir non nous-sortirons
Nous ne sortirons pas ce soir.

**Anit no vam sortir.**
*œnitt nó bamm sourti*
hier-soir non nous-allons sortir
Hier soir, nous ne sommes pas sortis.

Remarque : **anit** + futur veut dire *ce soir*, **anit** + passé simple se traduit par *hier soir*.

Les autres mots de négation sont : **no… tampoc**, *non… plus*, **no… pas**, *ne… pas* (avec nuance adversative), **no… gens**, *pas du tout, nullement*, **no… ningú**, *personne*, **no… res**, *rien*, **no… cap**, *aucun*, **no… mai**, *jamais*, **no… enlloc**, *nulle part*, **no… gaire**, *pas beaucoup, pas tellement.*

**No el sent ningú.**
*nó' ll sénn ninngou*
non l'entend personne
Personne ne l'entend.

**Ningú no el sent.**
*ninngou nó' œll sénn*
personne ne l'entend
Personne ne l'entend.

**No em fa gens de por.**
*nó'œmm fa jénnss dœ pó*
non me il-fait nullement de peur
Il ne me fait pas peur du tout.

**Gens de por no em fa.**
*jénnss dœ pó nó'œmm fa*
nullement de peur non me il-fait
Il ne me fait pas peur du tout.

**D'amics no en té cap.**
*d'œmikss nó œnn (nó' nn) té kapp*
d'amis non en il-a aucun
Des amis, il n'en a aucun.

**No té cap amic.**
*nó té kapp œmik*
non il-a aucun ami
Il n'a aucun ami.

**No se'n troba enlloc.**
*nó sœnn tròbœnnl'yòk*
non s'en trouve nulle-part
On n'en trouve nulle part.

**Enlloc no se'n troba.**
*œnnl'yòk nó ssœnn tròb*
nulle-part non s'en trouve
On n'en trouve nulle part.

D'AMICS NO EN TÉ CAP.
*(Des amis, il n'en a aucun.)*

**No li agrada gaire.**
*nó li'gradœ gaïrœ*
non lui plaît beaucoup
Ça ne lui plaît pas beaucoup.

**No té gaires llibres a casa.**
*nó té gaïrœss l'yibrœz œ kaz*
non il-a beaucoup livres à maison
Il n'a pas beaucoup de livres chez lui.

**No hi anirem mai.**
*nó i œnirèmm maï*
non y nous-irons jamais
Nous n'irons jamais.

**Mai no hi anirem.**
*maï nó i œnirèmm*
jamais non y nous-irons
Nous n'irons jamais.

Comme on le voit avec ces quelques exemples, l'emploi de **no** est obligatoire avec les mots négatifs, qu'ils soient placés avant ou après le verbe.

Comme en français, **no** peut dans certains cas s'employer dans des phrases affirmatives ou comparatives :

**Tinc por que no vingui avui.**
*tinnk pó kœ nó binngui œbouï*
j'ai peur que non il-vienne aujourd'hui
J'ai peur qu'il ne vienne aujourd'hui.

**Aparenta més anys que no té.**
*œpœrénntœ méz agn'ss kœ nó té*
il-fait plus années que non il-a
Il semble plus vieux qu'il n'est.

## CONJONCTIONS ET LOCUTIONS CONJONCTIVES

- de coordination : **però**, *mais*, **sinó**, *mais*, **o**, *ou*, **i**, *et*, **doncs** *donc*, **ni**, *ni*, **perquè**, *car*.

- conditionnelles : **si**, si.
- causales : **perquè**, *parce que*, **puix que**, *puisque*, **com que**, *comme*.
- de but : **perquè**, **a fi que**, *pour que*, *afin que* (+ subjonctif).
- de temps : **quan**, *quand*, **des que**, *depuis que*, **abans que**, *avant que*, **després que**, *après que*, etc.
- de concession : **malgrat que**, **tot i que**, *bien que*, *quoique*, **ja que**, *puisque*, **del moment que**, *du moment que*.
- **que**, *que* (pour introduire une subordonnée).

**M'estic a casa perquè fa massa fred.**
*m'œsstik œ kazœ pœrkè fa massœ frètt*
me-je-suis à maison parce-que il-fait trop froid
Je reste chez moi parce qu'il fait trop froid.

**Com que plou, no vull sortir.**
*kòmm kœ ploou, nó boul'y' sourti*
comme que il-pleut, non je-veux sortir
Comme il pleut, je ne veux pas sortir.

**Tot i que no li agrada, m'acompanyarà.**
*tótt i kœ nó li'gradœ, m'œkoumpœgnœra*
tout et que non lui plait, me-il-accompagnera
Bien que ça ne lui dise rien, il m'accompagnera.

**Quan estic cansat, em quedo a casa.**
*kouann œsstik kœnnssatt, œmm kédou' kazœ*
quand je-suis fatigué, me je-reste à maison
Quand je suis fatigué, je reste chez moi.

**Vull que vinguis demà.**
*boul'y' kœ binnguiss dœma*
je-veux que tu-viennes demain
Je veux que tu viennes demain.

**Malgrat que faci calor, aniré a passejar.**
*mœllgratt kœ fassi kœló, œniré' pœssœja*
malgré que il-fasse chaleur, j'irai à promener
Bien qu'il fasse chaud, j'irai me promener.

**Ja que tens temps, vine amb mi.**
*ja kœ ténnss témmss, binœ'mm mi*
puisque tu-as temps, viens avec moi
Puisque tu as le temps, viens avec moi.

**En arribar, em vaig ficar al llit.**
*œnn' œrriba, œmm batch fika'll l'yitt*
en arriver, me je-vais mettre au lit
En arrivant, je me suis mis/e au lit.

Pour traduire le français "en + participe présent", le catalan utilise **en** + infinitif.

**en entrar**
en entrant

**en sortir**
en sortant

Remarquons les expressions :

**havent dinat**
ayant déjeuné
après déjeuner

**havent sopat**
ayant dîné
après dîner

## PRÉPOSITIONS ET LOCUTIONS PRÉPOSITIVES

| | | | |
|---|---|---|---|
| **a** | à, sur, dans | **entre** | entre, parmi |
| **amb** | avec | **cap a** | vers |
| **de** | de | **fins, fins a** | jusqu'à |
| **des de** | depuis | **per** | par, dans |
| **durant** | pendant | **per a** | pour |
| **dins, dintre** | dans | **en** | en, dans |
| **fora** | hors de | **damunt** | sur |

| | | | |
|---|---|---|---|
| **davant** | devant | **darrere** | derrière |
| **contra** | contre | **sense** | sans |
| **sobre** | sur | **sota** | sous |
| **segons** | selon | **llevat, llevat de** | sauf |
| **vora, vora de** | au bord de | **tret, tret de** | sauf |
| **prop** | près | **lluny** | loin |
| **davall** | sous | **dessota** | sous |

**Visc a França.**
*bissk œ frannssœ*
je-vis à France
J'habite en France.

**Vull anar a Girona.**
*boul'y' œna' jirònœ*
je-veux aller à Gérone
Je veux aller à Gérone.

**Al carrer hi ha força gent.**
*œll kœrré i a fòrssœ jénn*
dans-la rue y il-a beaucoup gens
Dans la rue, il y a beaucoup de monde.

**En aquest carrer hi ha una font molt bonica.**
*œnn œkèsstt kœrré i a ounœ fònn móll bounikœ*
dans cette rue y il-a une fontaine beaucoup jolie
Dans cette rue, il y a une jolie fontaine.

**És el cotxe del senyor Puig.**
*éz œll kóttchœ dœll sœgnó poutch'*
est la voiture du monsieur Puig
C'est la voiture de Monsieur Puig.

**S'ha amagat darrere la porta.**
*s'a'mœgatt dœrrérœ la pòrttœ*
s'a caché derrière la porte
Il s'est caché derrière la porte.

**Llevat d'uns quants, tots estaven contents.**
*l'yœbatt d'ounnss kouanns, tótt'zœsstabœnn kounnténnss*
sauf de-quelques combien (pl.), tous étaient contents
À part quelques-uns, ils étaient tous contents.

**Durant l'estiu ens agrada practicar l'excursionisme.**
*dourann l'œsstiou œnnz œgradœ prœktika l'œsskourssiounizmœ*
pendant l'été nous plaît pratiquer l'excursionisme
Pendant l'été, nous aimons faire des excursions.

• Contractions des prépositions **a**, **de**, **per** avec les articles masculins :
– **a + el → al : dono al pare**, *je donne à mon père* ;
– **a + els → als : als carrers**, *dans les rues* ;
– **de + el → del : el cotxe del senyor**, *la voiture du monsieur* ;
– **de + els → dels : el cant dels ocells**, *le chant des oiseaux* ;
– **per + el → pel : passo pel carrer**, *je passe dans la rue* ;
– **per + els → pels : passejo pels camps**, *je me promène dans les champs*.

# AUTOUR DES NOMBRES

## Les nombres cardinaux

| | | |
|---|---|---|
| 0 | **zero** | *zèrou* |
| 1 | **u / un / una** | *ou / ounn / ounœ* |
| 2 | **dos / dues** | *dóss / douœss* |
| 3 | **tres** | *trèss* |
| 4 | **quatre** | *kouatrœ* |
| 5 | **cinc** | *sinnk* |
| 6 | **sis** | *siss* |
| 7 | **set** | *sètt* |
| 8 | **vuit** | *bouïtt* |
| 9 | **nou** | *nòou* |
| 10 | **deu** | *dèou* |
| 11 | **onze** | *ónnzœ* |
| 12 | **dotze** | *dóddzœ* |
| 13 | **tretze** | *tréddzœ* |
| 14 | **catorze** | *kœtórzœ* |
| 15 | **quinze** | *kinnzœ* |

| | | |
|---|---|---|
| 16 | **setze** | *séddzœ* |
| 17 | **disset** | *dissètt* |
| 18 | **divuit** | *dibouïtt* |
| 19 | **dinou** | *dinóou* |
| 20 | **vint** | *binn* |
| 21 | **vint-i-u / -un / -una** | *binntiou / -ounn / -ounœ* |
| 22 | **vint-i-dos / -dues** | *bintidóss / -douœss* |
| 23 | **vint-i-tres** | *bintitrèss* |
| 24 | **vint-i-quatre** | *binntikouatr* |
| 25 | **vint-i-cinc** | *binntissinnk* |
| 26 | **vint-i-sis** | *binntississ* |
| 27 | **vint-i-set** | *binntissètt*, etc. |
| 30 | **trenta** | *trènntœ* |
| 31 | **trenta-u / -un / -una** | *trènnt -ou / -ounn / -ounœ*, etc |
| 40 | **quaranta** | *kouœranntœ* |
| 50 | **cinquanta** | *sinnkouanntœ* |
| 60 | **seixanta** | *sœchanntœ* |
| 70 | **setanta** | *sœtanntœ* |
| 80 | **vuitanta** | *bouitanntœ* |
| 90 | **noranta** | *nouranntœ* |
| 100 | **cent** | *sénn* |
| 1000 | **mil** | *mill* |

Utilisation du tiret :
- entre les unités de centaines et les centaines : **dos-cents, quatre-centes** ;
- entre les dizaines et les unités à partir de **vint**.

Remarque : de 21 à 29, on intercale un **-i-** entre la dizaine et l'unité.

On emploie **u**, *un*, pour désigner le premier terme d'une série de nombres : **el quilòmetre u**, **El dia u de juliol**, **l'u de novembre**. **M'estic carrer Cerdanya, número u.**

| | |
|---|---|
| **dos cotxes** | deux voitures |
| **dues barques** | deux barques |
| **dos-cents dies** | deux cents jours |
| **dues-centes setmanes** | deux cents semaines |
| **mil trenta-tres euros** | mille trente trois euros |
| **tres-centes mil persones** | trois cent mille personnes |

## Les ordinaux

Comme le français, le catalan emploie les ordinaux quand on parle d'une série :

> **Visc al primer pis, és la tercera casa a mà esquerra.**
> J'habite au premier (étage), c'est la troisième maison à gauche.

| Masculin | | Féminin | | |
|---|---|---|---|---|
| **primer** | *primé* | **primera** | *priméræ* | premier/ère |
| **segon** | *sœgónn* | **segona** | *sœgónœ* | deuxième |
| **tercer** | *tœrssé* | **tercera** | *tœrsséræ* | troisième |
| **quart** | *kouartt* | **quarta** | *kouartœ* | quatrième |
| **cinquè** | *sinnkè* | **cinquena** | *sinnkènœ* | cinquième |
| **sisè** | *sizè* | **sisena** | *sizènœ* | sixième |
| **setè** | *sœtè* | **setena** | *sœtènœ* | septième |
| **vuitè** | *bouitè* | **vuitena** | *bouitènœ* | huitième |
| **novè** | *noubè* | **novena** | *noubènœ* | neuvième |
| **desè** | *dœzè* | **desena** | *dœzènœ* | dixième |

Pour les ordinaux, il suffit d'ajouter la terminaison **è**, **ena** au cardinal : **trenta-dosè**, *trente-deuxième*, **seixantè**, **seixanta-vuitè**, *soixantième*, *soixante-huitième*, etc.

Lorsque quelqu'un vous donnera *son adresse*, **la seva adreça**, ou sa carte de visite, elle apparaîtra ainsi : **c/ Cerdanya 125, 5è, 2ona = carrer Cerdanya cent-vint-i-cinc, cinquè pis, segona porta.** Ce qui signifiera : 125, rue de Cerdagne, 5$^{e}$ étage, porte 2.

## Quelques expressions avec des nombres

| | | |
|---|---|---|
| **un quilo** | *ounn killou* | un kilo |
| **un quilo i mig** | *ounn killou i mitch* | trois livres |
| **un litre** | *ounn litrœ* | un litre |
| **una ampolla** | *oun 'mmpól'yœ* | une bouteille |
| **un got** | *ounn gòtt* | un verre |
| **una tassa** | *oun tassœ* | une tasse |
| **un parell o tres** | *ounn pœrél'y' ò trèss* | deux ou trois |

une paire ou trois

# LE TEMPS QUI PASSE

## Quelle heure est-il ?

Dans la langue courante, les heures sont comptées par tranche de douze. On dira sept heures du matin, et sept heures du soir et non dix-neuf heures. Nous aurons donc :

| | | |
|---|---|---|
| **la una** | *lœ ounœ* | une heure |
| **les dues** | *lœz douœss* | deux heures |
| **les nou del matí** | *lœz nòou dœll mœti* | neuf heures du matin |
| **les quatre de la tarda** | *lœss kouatrœ dœ lœ tardœ* | quatre heures p.m. (16 h) |
| **a les tres** | *a lœss trèss* | à trois heures |
| **a les cinc** | *a lœss sinnk* | à cinq heures |
| **a les nou del vespre** | *a lœz nòou dœll bésspræ* | à neuf heures du soir |
| **a les onze de la nit** | *a lœz ónnzœ dœ lœ nitt* | à onze heures du soir |

Pour demander l'heure :

**Quina hora és ?**
*kin'òr'éss ?*
quelle heure il-est
Quelle heure est-il ?

**Quina hora duus ?**
*kin'hòrœ douss ?*
quelle heure tu-portes
Quelle heure as-tu ?

La réponse est :

**És la una.**
*éz laounœ*
Il est une heure.

**Són les dues.**
*sónn lœz douœss*
Il est deux heures.

et on précisera :

| | | |
|---|---|---|
| **del matí** | *dœll mœti* | du matin |
| **de la tarda** | *dœ lœ tardœ* | de l'après midi |
| **del vespre** | *dœll bésspræ* | du soir (entre 19h et 23h) |
| **de la nit** | *dœ lœ nitt* | du soir ou du matin (avant le lever du jour) |

Il est traditionnel, en Catalogne, de compter les tranches d'heure en quart, à partir du premier quart : dès le premier quart, on indique l'heure suivante. Ainsi :

**És la una i deu.**
*éss lœ ounœ i dèou*
Il est une heure dix.

**És un quart de dues.**
*éz ounn kouartt dœ douœss*
il-est un quart de deux
Il est une heure et quart.

**És un quart i cinc de dues.**
*éz ounn kouartt i sinnk dœ douœss*
il-est un quart et cinq de deux
Il est une heure vingt.

**Són dos quarts de dues.**
*sónn dóss kouarttss dœ douœss*
ils-sont deux quarts de deux
Il est une heure et demie.

**Són dos quarts i deu de dues.**
*sónn dóss kouarttz i dèou dœ douœss*
ils-sont deux quarts et dix de deux
Il est deux heures moins vingt.

**Són tres quarts de dues**
*sónn trèss kouarttss dœ douœss*
ils-sont trois quarts de deux
Il est deux heures moins le quart.

**Són tres quarts i deu de dues.**
*sónn trèss kouarttz i dèou dœ douœss*
ils-sont trois quarts et dix de deux

ou

**Falten cinc minuts per a les dues.**
*falltœnn sinnk minouttss pœrœ lœz douœss*
manquent cinq minutes pour les deux
Il est deux heures moins cinq.

Toutefois, il est des zones où l'heure s'exprime comme en français et en castillan. Ainsi vous pourrez entendre, et donc dire :

**Són les tres i quart.**
*sónn lœss trèz i kouartt*
ils-sont les trois et quart
Il est trois heures et quart.

**Són les quatre i mitja.**
*sónn lœss kouatr'i midjœ*
ils-sont les quatre et demie
Il est quatre heures et demie.

**A les dotze menys quart.**
*a lœz dódzœ mègn'ss kouartt*
à les douze moins quart
À midi moins le quart.

Faites malgré tout l'effort de dominer la manière traditionnelle d'énoncer l'heure et vous susciterez l'admiration de l'autochtone, ravi de voir que vous voulez vous approprier la langue et ce qui vous semble être, peut-être, une bizarrerie des Catalans.

**A quina hora quedem ?**
*a kin'òrœ kœdèmm*
à quelle heure nous-restons
À quelle heure on se retrouve ?

**A tres quarts de sis.**
*a trèss kouarss dœ siss*
à trois quarts de six
À six heures moins le quart.

**A quina hora aterra l'avió de París ?**
*a kin'òrœ œtèrrœ l'œbió dœ pœriss ?*
à quelle heure atterrit l'avion de Paris
À quelle heure atterrit l'avion de Paris ?

**A les sis, si no té retard.**
*a lœss siss, si nó té rœtartt*
à les six, si non il-a retard
À six heures, s'il n'a pas de retard.

## Les jours de la semaine

| | | |
|---|---|---|
| **dilluns** | *dil'younnss* | lundi |
| **dimarts** | *dimarss* | mardi |
| **dimecres** | *dimékrœss* | mercredi |
| **dijous** | *dijóouss* | jeudi |
| **divendres** | *dibènndrœss* | vendredi |
| **dissabte** | *dissabtœ* | samedi |
| **diumenge** | *diouménnjœ* | dimanche |

**Ens veurem divendres que vé.**
*œnnz bèourèmm dibènndrœss kœ bé*
nous nous-verrons vendredi qui vient
Nous nous verrons vendredi prochain.

**Anem a la platja el diumenge.**
*œnèmm œ lœpladdjœ'll dioumennjœ*
nous-allons à la plage le dimanche
Nous allons à la plage le dimanche.

L'emploi de l'article devant les noms des jours est le même qu'en français.

**El dijous solc anar al cine.**
*œll dijóouss sòllk œna' ll sinœ*
Le jeudi, j'ai l'habitude d'aller au cinéma.

Remarquez l'emploi du verbe **soler** qui signifie, à lui seul, "avoir l'habitude de", "faire quelque chose généralement le...".

## Indications de temps

| | | |
|---|---|---|
| **avui** | *œbouï* | aujourd'hui |
| **demà passat** | *dœma pœssatt* | après-demain |
| **demà** | *dœma* | demain |
| **abans d'ahir** | *œbannz d'œhi* | avant-hier |
| **ahir** | *œhi* | hier |
| **aviat** | *œbiatt* | bientôt |
| **fa poc** | *fa pòk* | il y a peu |
| **fa temps** | *fa témmss* | il y a longtemps |
| **d'aquí... dies** | *d'œki... diœss* | d'ici... jours |
| **d'aquí a llavors** | *d'œki œ l'yœbòrss* | d'ici là |

**D'aquí a llavors ja haurà tornat.**
*d'œki œl'yœbòrss ja aoura tournatt*
d'ici à alors déjà il-aura revenu.
D'ici là, il sera déjà revenu.

**D'aquí vuit dies hauré acabat.**
*d'œki bouïtt diœz aouré œkœbatt / aouré' kœbatt*
d'ici huit jours j'aurai achevé
D'ici huit jours, j'aurai fini.

## Les mois et les dates

| | | |
|---|---|---|
| **gener** | *jœné* | janvier |
| **febrer** | *fœbré* | février |
| **març** | *marss* | mars |
| **abril** | *œbrill* | avril |
| **maig** | *match* | mai |
| **juny** | *jougn'* | juin |
| **juliol** | *jouliòll* | juillet |
| **agost** | *œgóstt* | août |
| **setembre** | *sœtémmbrœ* | septembre |
| **octubre** | *ouktoubrœ* | octobre |
| **novembre** | *noubémmbrœ* | novembre |
| **desembre** | *dœzémmbrœ* | décembre |

**al mes de juliol**
*œll méss dœ jouliòll*
au mois de juillet
au mois de juillet

**al setembre**
*œll sœtémmbrœ*
au septembre
en septembre

**Al setembre plou gairebé sempre.**
*œll sœtémmbrœ plóou gaïrœbé sémmprœ*
au septembre il-pleut presque toujours
En septembre, il pleut presque toujours.

On écrit la date comme suit :

**El dia tres de novembre de 2001.**
*œll diœ trèss dœ noubémmbrœ dœ dós-mill-ou*
le jour trois de novembre de deux-mille un
Le 3 novembre 2001.

**Barcelona, dia 11 de setembre.**
*bœrssœlónœ, diœ ónnzœ dœ sœtémmbrœ*
Barcelone, jour onze de septembre
Barcelone, le onze septembre.

**El set de gener és el meu aniversari, l'endemà de Reis.**
*œll sètt dœ jœné ézœll méou œnibœrssari, l'œnndœma dœ réïss*
le sept de janvier est le mien anniversaire, le lendemain de Rois
Le sept janvier, c'est mon anniversaire, le lendemain de la fête des Rois.

**L'any setanta-cinc va morir l'avi.**
*l'agn' sœtanntœ-sinnk ba mouri l'abi*
l'an soixante-quinze est mort le grand-père
Le grand-père est mort en soixante-quinze.

AL SETEMBRE PLOU GAIREBÉ SEMPRE.
*(En septembre, il pleut presque toujours.)*

## LES BONNES MANIÈRES

L'Espagne, pays composé de nationalités et de régions autonomes (entre autres la Catalogne), présente une réalité plurinationale et laisse aujourd'hui une large place aux identités nationales et régionales. Ainsi la Catalogne, les Baléares et Valence ont toujours été soucieuses de préserver leur langue et leurs spécificités. Et vous, heureux voyageur muni de ce guide, pourrez sans encombre pénétrer cet esprit catalan puisque vous en posséderez la clé : la langue. Vous éviterez ainsi de vous voir catalogué parmi les *touristes* que les Catalans nomment **guiris**, mot péjoratif pour les étrangers qui ne font pas l'effort d'ouverture pour s'imprégner de la culture multiséculaire si riche et si diversifiée des pays de langue catalane.

Faisons un bref rappel historique, pour comprendre ce qui est la source de l'identité catalane : très fortement romanisés – en effet, la romanisation commença dès 218 avant notre ère – à l'époque des guerres puniques contre les Carthaginois, les Catalans n'ont connu que peu de temps la domination islamique, et c'est dès 759 que le *Roussillon*, **Rosselló**, fait partie du royaume franc, et dès 785 que se produit la reconquête de *Gérone*, **Girona**. Plus tard, les Catalans vont se tourner vers l'Occitanie jusqu'à la bataille de Muret en 1213, où la défaite du comte de Barcelone, roi d'Aragon, **Pere el Catòlic**, *Pierre le Catholique*, verra la fin du rêve occitano-catalan. C'est aussi vers la Méditerranée que se fera l'expansion catalane, Majorque (1229), Valence (1238), Sicile (1282), Sardaigne (1323), Grèce (1319), royaume de Naples (1435)… et même conquête éphémère de l'Albanie et de la Slovénie en 1453.

La Catalogne est aussi une terre de longue tradition "démocratique" et, comme le dit l'historien britannique John Elliott, *"aucun autre État de l'Europe occidentale n'avait, à cette date, développé un système aussi avancé de parlementarisme constitutionnel"*. Cette terre est donc historiquement tournée vers l'Europe. Au XIXe siècle, la Catalogne vit la révolution industrielle comme les pays du nord de l'Europe. Aussi, lorsque l'Espagne intègre l'Union européenne, les Catalans considèrent-ils que c'est un retour à la maison mère, et aujourd'hui, avec la même monnaie, l'Occitanie et les terres catalanes vont pouvoir reprendre des relations longtemps mises entre parenthèses. **Perpinyà**, *Perpignan* **vila fidelíssima**, n'est-elle pas capitale de l'eurorégion qui réunit déjà la Catalogne, le Languedoc-Roussillon et Midi-Pyrénées ?

Ceci dit, les Catalans restent très méditerranéens. Le rythme de la journée reste lui aussi très "méditerranéen" : en été, *le déjeuner*, **el dinar**, a lieu entre 14 et 15 heures et *le repas du soir*, **el sopar**, entre 21 et 23 heures. Certaines soirées ou fêtes commencent parfois à minuit et durent facilement jusqu'à 6 du matin. Seuls les "**guiris**" s'étonnent de ne pas trouver de restaurant prêt à les servir dès midi ! Touristes et visiteurs, apprenez à savourer ce "décalage horaire", vous verrez que c'est en fait très agréable. Ce rythme est d'ailleurs plus en phase avec le rythme solaire (à 9 heures, il n'est que 7 heures au soleil), et vous aurez aussi l'impression de participer à la lutte contre l'uniformisation et les effets négatifs de la mondialisation !

Sachez aussi qu'en pays catalan, l'heure d'un rendez-vous est assez "élastique" et qu'elle n'est souvent qu'une indication très relative (arriver avec un gros retard n'a rien d'offusquant), mais vous ne devez pas forcément imiter cette mauvaise habitude ! Quoi qu'il en soit, comme les rendez-vous se donnent généralement dans les bars, le temps passe vite, d'autant plus qu'on lie facilement conversation avec les voisins de table, surtout si vous parlez catalan ou si, muni de l'indispensable *Catalan de poche* vous montrez que vous avez pour le catalan un intérêt certain. Le contact sera vite établi !

Comme dans beaucoup de pays méditerranéens, la fonction du domicile privé et du bar diffèrent grandement des pays du nord. Le domicile est le lieu où on retrouve sa famille et où l'on invite ses parents ou des amis intimes. Presque toutes les autres activités sociales se déroulent à l'extérieur, en particulier dans les bars qui jouent le rôle de salle de séjour ou salon publics. Une invitation au domicile sera donc plus rare et toujours quelque chose de plus formel. Si vous vous trouvez dans un bar avec des amis catalans, vous devez connaître les règles d'usage concernant l'addition. Si vous ne faites pas très attention, en tant qu'invité, on vous laissera rarement l'occasion de payer **el compte** – quelqu'un aura toujours déjà payé pour vous. Si vous voulez régler, arrangez-vous pour régler discrètement au serveur, même si pour cela vous devez prétexter une visite aux toilettes ! La fin justifie parfois les moyens. Quand la facture est plus importante, comme au restaurant par exemple, il est d'usage que chacun contribue, en arrondissant naturellement, selon ce qu'il estime être sa part. Même les Catalans, à qui on a fait une réputation de pingres, vous jugeraient fort mal si vous calculiez au centième d'euro près après avoir mangé de manière conviviale. Dans ces cas-là, c'est souvent le bon sens et la bonne éducation qui vous permettront de faire preuve de civilité !

## FAÇONS DE PARLER

### Se saluer

| | | |
|---|---|---|
| **Hola !** | *òllœ* | Salut ! (familier, entre amis) |
| **Bon dia !** | *bònn dicœ* | Bonjour ! (le matin) |
| **Bona tarda !** | *bònnœ tardœ* | Bonjour ! (l'après-midi) |
| **Bona nit !** | *bònnœ nitt* | Bonsoir ! Bonne nuit ! |

Souvent, en guise de salutation, on vous demande de vos nouvelles, comment vous allez. Ne le prenez pas vraiment comme une question mais plutôt comme un rituel, comme une manière d'entrer en contact et répondez "**bé !**". Si, par la suite, une conversation s'engage, on peut toujours dire comment ça va réellement :

**Hola ! Com va això ?**
*òllœ ! kòmm bachó ?*
salut comment va cela
Salut ! Comment ça va ?

**Com està ?**
*kòmm œssta ?*
comment vous-êtes
Comment ça va ?

**Com anem ?**
*kòmm œnèmm ?*
comment nous-allons
Comment ça va ?
(plus intime, la personne est intégrée au groupe)

**Hola ! Bé, gràcies. I vostè ?**
*òllœ ! bé, grassiœss. I bousstè ?*
salut bien, merci et vous
Salut ! Bien, merci. Et vous ?

**Igualment.**
*igouœllménn*
également
Ça va.

Entre copains et de manière plus familière :

**Ep ! Hola ! Com estàs ?**
hep salut comment tu-es
Hep ! Salut ! Comment ça va ?

**Com sempre.**
*kòmm sémmprœ*
comme toujours
Comme d'habitude.

**Així així.**
*œchi œchi*
ainsi ainsi
Couci-couça.

**Fotut.**
*foutoutt*
foutu
Vachement mal. Mal foutu/e.

**Fatal.**
*fœtall*
fatal
Très mal.

## Prendre congé

| | | |
|---|---|---|
| **Adéu !** (le plus courant) | *œdéou !* | Au revoir ! Adieu ! |
| **Adéu-siau !** (formule plus traditionnelle) | *œdéou-siaou* | Au revoir ! |
| **A reveure !** | *a rœbèourœ* | Au revoir ! |
| **Fins aviat !** jusqu'à bientôt | *finnz œbiatt !* | À bientôt ! À plus ! |
| **Fins demà !** | *finnz dœma* | À demain ! |
| **Fins després !** jusqu'à après | *finnz dœsspréss !* | À bientôt ! |

**Me'n vaig.**
*mœnn batch*
m'en je-vais
Je m'en vais.

**Me n'he d'anar.**
*mœ né dœna*
m'en j'ai d'aller
Je dois m'en aller.

**Ens n'anem.**
*œnnss nœnèmm*
nous en nous-allons
Nous nous en allons.

**Marxem.**
*mœrchèmm*
partons
Nous partons. (ou Partons !)

**Que vagi bé !**
*kœ baji bé !*
que aille bien
Que ça aille bien !

**Que tot vagi bé !**
*kœ tótt baji bé !*
que tout aille bien
Que tout aille bien !

## S'excuser

| | | |
|---|---|---|
| **Perdó !** | *pœrdó* | Pardon ! |
| **Perdoni ! / Perdoneu !** | *pœrdóni / pœrdounéou* | Pardonnez-moi ! |
| **Perdona !** | *pœrdónœ* | Pardonne-moi ! |
| **Disculpi !** | *disscoullpi* | Excusez-moi ! |

**No ho volia.**
*nó ou boulíœ*
non le je-voulais
Je n'ai pas fait exprès.

**Ja està.**
*ja œssta*
dejà est
Ce n'est rien. C'est fini.

**No ha estat res.**
*nó a œsstatt rrèss*
non a été rien
Ce n'est rien. Ce n'est pas grave.

**No es preocupi.**
*nó œss prœoukoupi*
non se préoccupe
Ne vous en faites pas.

**Em sap greu.**
*œmm sapp gréou*
me sait grave.
Je regrette.

**Ho sento.**
*ou sénntou*
le je-regrette.
Je le regrette.

## Raconter

**Saps què m'ha passat ?**
*sappss kè ma pœssatt*
tu-sais quoi m'a passé
Sais-tu ce qui m'est arrivé ?

**Sap què m'ha passat ?**
*sapp kè ma pœssatt*
il-sait quoi m'a passé
Savez-vous ce qui m'est arrivé ?

**Diuen que…**
*diouœnn kœ*
ils-disent que
On dit que…

**M'han contat que…**
*mann kounntatt kœ*
me ils-ont raconté que
On m'a dit que…

**Escolta, acabo d'assabentar-me que…**
*œskòlltœ, œkabou d'œssœbœnntarmœ kœ*
écoute, je-finis d'apprendre que
Écoute, je viens d'apprendre que…

**Mira, acaben de dir-me que...**
*miræ, ækabænn dæ dirmæ kæ*
regarde, ils-finissent de dire-moi que
Tiens, on vient de me dire que...

## Exprimer son opinion

**Crec que...**
*krèk kæ*
je-crois que
Je crois que...

**Penso que...**
*pènnssou kæ*
je-pense que
Je pense que...

**Estic convençut / convençuda que...**
*æsstik kounnbænnssoutt / kounnbænnsoudæ kæ*
je-suis convaincu / convaincue que
Je suis convaincu(e) que...

**La meva opinió és que...**
*la mébæ oupinió éss kæ*
la mienne opinion est que
Je pense que...

**M'imagino que demà...**
*mimæginou kæ dæma*
me j'imagine que demain
J'imagine que demain...

**Mira, crec que cal fer...**
*miræ, krèk kæ kall fé*
regarde, je-crois que il-faut faire
Tiens, je crois qu'il faut faire...

**És segur que...**
*és sægou kæ*
il-est sûr que
Il est sûr que...

**És cert que...**
*éss sèrtt kæ*
il-est certain que
Il est certain que...

## Approuver

**Tens raó / té raó.**
*ténnss rræó, té rræó*
tu-as raison / vous-avez raison
Tu as / Vous avez raison.

**Tens tota la raó.**
*tennss tótæ la rræó*
tu-as toute la raison
Tu as tout à fait raison.

**Estic completament d'acord amb...**
*œsstik koummplœtœménn dœkòrtt œmm*
je-suis complètement d'accord avec
Je suis complètement d'accord avec...

**Ja ho pots dir, ja.**
*ja ou pòttss di, ja*
déjà le tu-peux dire, déjà
Tu peux bien le dire, c'est vrai.

**Ja ho crec !**
*ja ou krèk*
bien le je-crois
Naturellement !

| | | |
|---|---|---|
| **Sí !** | | Oui ! |
| **I tant !** | *i tann* | C'est bien vrai ! |
| **Exacte !** | *œgzaktœ* | C'est vrai ! |
| **És clar !** | *éz kla* | Bien sûr ! |
| **És veritat !** c'est vérité | *éz bœritatt* | C'est vrai ! |
| **D'acord.** | *dœkòrtt* | D'accord. |

## Refuser

**No hi estic d'acord.**
*nó i œsstik dœkòrtt*
non y je-suis d'accord
Je ne suis pas d'accord.

**No és així.**
*nó éz œchi*
non c'est ainsi
Ce n'est pas comme ça.

**De cap manera.**
*dœ kapp mœnérœ*
de aucune manière
Pas du tout.

**Vostè s'equivoca.**
*bousstè sœkibókœ*
vous se-trompe
Vous vous trompez.

**Estàs equivocat / -ada.**
*œsstass œkiboukatt / -kadœ*
tu-es trompé/e
Tu te trompes.

**No ho crec.**
*nó ou krèk.*
non le je-crois
Je ne le crois pas.

**No em convenç.**
*nó œmm kounnbénnss*
non me convainc
Ça ne me convainc pas.

**Això no té ni cap ni peus.**
*œchò nó té kapp ni pèouss*
cela ne a ni tête ni pieds
Cela n'a ni queue ni tête.

**No diguis bestieses.**
*nó diguiss bœstiézœss*
ne dis bêtises
Ne dis pas de bêtises.

**Mentida !**
*mœnntidœ !*
mensonge
Ce n'est pas vrai !

NO DIGUIS BESTIESES.
(Ne dis pas de bêtises.)

**Però què dius !**
*pœrò kè diouss !*
mais quoi tu-dis
Mais qu'est-ce que tu racontes !

## Convaincre

**Cregui'm !**
*krèguimm !*
Croyez-moi !

**Creu-me !**
*krèoumœ !*
Crois-moi !

**Escolta'm un segon !**
*cekólltoemm ounn soegónn*
Écoute-moi une seconde !

**Si t'ho dic...**
*si tou dik*
si te le je-dis
Si je te le dis...

**No queda dubte que...**
*nó kédœ doubtœ kœ*
ne reste doute que
Il n'y a pas de doute que...

**T'ho pots creure.**
*tou póttss krèourœ*
te le tu-peux croire
Tu peux le croire.

**Li asseguro que...**
*li œssœgourou kœ*
vous j'assure que...
Je vous assure que...

**Estic segur/a que...**
*œsstik sœgou/rœ kœ*
je-suis sûr/e que
Je suis sûr/e que...

**Ho puc confirmar.**
*ou pouk kounnfirma*
le je-peux confirmer.
Je peux le confirmer.

**N'estic segur/a.**
*nœsstik sœgou/rœ*
en je-suis sûr/e.
J'en suis sûr/e.

## Se réjouir

**M'ho passo molt bé.**
*mou passou móll bé*
me le je-passe très bien
Je suis ravi ! / Je m'amuse bien !

**Estic contentíssim/a !**
*œsstik kounntœnntissimm/œ*
je-suis très-content/e
Je suis très content/e !

**M'agrada molt !**
*mœgradœ móll*
me plaît beaucoup
J'aime beaucoup !

**Em va agradar moltíssim !**
*œmm bagrœda moulltíssimm*
me va plaire très beaucoup
J'ai beaucoup aimé !

**Quina alegria !**
*kinœllœgriœ*
Quelle joie !

**Quina joia !**
*kinœ jòïœ*
Quelle joie !

| | | |
|---|---|---|
| **Meravellós !** | *mœrœbœl'yóss* | Merveilleux ! |
| **Excel·lent !** | *œkss ll-llénn* | Très bien ! / Extra ! |
| **Quin goig !** | *kinn gòtch* | Quelle joie ! |
| **Que bé !** | *kœ bé* | Comme c'est bien ! |
| **Fantàstic !** | *fœnntasstik* | Extraordinaire ! |

## Inviter quelqu'un / proposer quelque chose

**Què et sembla si fem una passejada ?**
*kètt sèmmblœ si fèmm ounœ pœssœjadœ*
que te semble si nous-faisons une promenade
Que penses-tu de faire une promenade ?

**Podem anar a passeig aquesta tarda ?**
*poudèmm œna pœssètch œkèsstœ tardœ*
pouvons-nous aller à promenade cette après-midi
Pouvons-nous aller nous promener cet après-midi ?

**Per què no anem a prendre cafè ?**
*pœrkè nó œnèmm œ prènndrœ kœfè*
pourquoi non nous-allons à prendre café
Pourquoi ne va-t-on pas prendre un café ?

**No tens ganes d'anar a la platja ?**
*nó ténnss ganœss dœnalœpladjœ*
non tu-as envie d'aller à la plage
Tu n'as pas envie d'aller à la plage ?

**Sortim a fer una cervesa ?**
*sourtimm œfé ounœ sœrbèzœ*
nous-sortons à faire une bière
On va se prendre une bière ?

**Vols que t'acompanyi a casa ?**
*bòllss kœ tœkoumpagni œ kazœ*
veux-tu que te j'accompagne à maison
Veux-tu que je t'accompagne chez toi ?

**Vinga ! et convido a un gelat !**
*binnguœ ! œtt kounnbidou œ ounn jœllatt*
vienne te j'invite à une glace
Allons ! je t'invite à prendre une glace !

**Anem a... ?**
*œnèmmœ*
nous-allons à
On va à... ?

**T'agradaria anar-hi ?**
*tœgrœdœriœnari*
te plairait aller-y
Ça te plairait d'y aller ?

**Vols ? / Vol ? / Voleu ?**
*bòllss / bòll / boullèou*
Veux-tu ? / Voulez-vous ? / Voulez-vous ?

**Potser podríem...**
*poutssé poudriœmm*
Peut-être pourrions-nous...

## Accepter une proposition

**D'acord.**
*dœkòrtt*
D'accord.

**Amb molt de gust.**
*œmm móll dœ gousstt*
avec beaucoup de goût
Très volontiers.

**És clar que sí !**
*éss kla kœ si*
c'est clair que oui
Bien sûr !

**Està fet !**
*œssta fètt*
c'est fait
D'accord !

**Per què no ?**
*pœrkè nó*
Pourquoi pas ?

**Està bé !**
*œssta bé*
C'est bien !

**Bona idea !**
*bònœ idéœ*
Bonne idée !

**Entesos !**
*œenntèzouss*
Compris ! / D'accord !

## Exprimer l'indifférence

**M'és igual.**
*mézigouall*
m'est égal
Ça m'est égal.

**Tant me fa.**
*tann mœ fa*
tant me fait
Ça m'est égal.

**Tant se me'n dóna.**
*tann sœ mœnn dónœ*
tant se m'en donne
Ça m'importe peu.

**Se me'n fot.**
*sœ m'œnn fótt*
se m'en fout
Je m'en fous.

**Me'n foto**
*m'œnn fótou*
m'en je-fous
Je m'en tape.

**I què ?**
*i kè*
et quoi
Et alors ?

**Vostè decideix.**
*bousstè dœssidéch*
vous décidez
C'est vous qui décidez.

**Fes el que vulguis.**
*féz œll kœ boullguiss*
fais le que tu-veuilles
Fais ce que tu voudras.

**No m'importa.**
*no m'immpòrtœ*
non m'importe
Ça m'est égal.

**No em fa res.**
*no œmm fa rèss*
non me fait rien
Ça ne me fait rien.

## Exprimer le doute

**Encara dubto.**
*œnnkarœ doubtou*
encore je-doute
J'hésite encore.

**No n'estic segur/a.**
*no nœsstik sœgou/rœ*
non je-suis sûr/e
Je n'en suis pas sûr/e.

**No sé què fer.**
*no sé kè fé*
non je-sais quoi faire
Je ne sais pas quoi faire.

**Què vols que faci ?**
*kè bòllss kœ fassi ?*
que tu-veux que je-fasse
Que puis-je faire ?

**Estic confús/a.**
*œsstik kounnfouss/œ*
je-suis confus/e
Je suis confus/e.

**No em puc decidir.**
*no œmm pouk dœssidi*
non me je-peux décider
Je ne peux pas me décider.

## Regretter / décliner une proposition

**No, gràcies.**
*no grassiœss*
non merci
Non merci.

**Em sap greu.**
*œmm sapp gréou*
me sait grave
Je regrette.

**Ho sento.**
*ou sénntou*
le je-sens
Je suis désolé/e.

**No vull.**
*nó boul'y'*
non je-veux
Je ne veux pas.

**No tinc ganes (de).**
*nó tinnk ganœss (dœ)*
non j'ai envie (de)
Je n'ai pas envie (de).

**Ho lamento.**
*ou lœménntou*
le je-regrette
Je regrette.

**D'això res.**
*dœchò rèss*
de cela rien
Pas question.

**No m'entusiasma gaire.**
*no mœnntouziasmœ gaïrœ*
non m'enthousiasme guère
Ça ne me tente pas.

**No crec que valgui le pena.**
*no krèk kœ ballgui la pènœ*
non je-crois que vaille la peine
Je ne crois pas que ça vaille la peine.

## Se fâcher

**Quin fàstic !**
*kinn fasstik*
Quel dégoût !

**És una vergonya !**
*ézounœ bœrgógnœ*
C'est une honte !

**És molt desagradable.**
*éz móll dœzœgrœdabbllœ*
C'est très désagréable.

**N'estic fart !**
*nœsstik fartt !*
en je-suis repu
J'en ai marre !

**Estic molt empipat/-pada.**
*œsstik móll œmmpipatt/-padœ*
je-suis très fâché/e
Je suis très en colère.

**No hi ha dret.**
*nó i a drètt*
non y a droit
C'est incroyable. /
C'est pas possible.

**Això sobrepassa tots els límits !**
*œchò sóbrœpassœ tóttzœllz limitss*
cela dépasse toutes les limites
Cela dépasse les bornes !

**Però escolti !**
*pœrò œsskóllti*
mais écoutez
Mais quand même !

**Això és el súmmum !**
*œchò éz ll soummoumm*
cela est le summum
C'est le comble !

## Souhaiter / désirer

**Tinc ganes de...**
*tinnk ganœss dœ*
J'ai envie de...

**M'agradaria tant...**
*mœgrœdœriœ tann*
me plairaît tant
J'aimerais tant...

**Espero que vinguis aviat.**
*œspérou kœ binnguizœbiatt*
j'espère que tu-viennes bientôt
J'espère que tu viendras bientôt.

**Si poguéssim... ! / Si pogués... !**
*si pouguéssimm... / si pouguéss*
si nous-pussions / si je-pusse
Si nous pouvions... ! / Si je pouvais... !

**Tant de bo !**
*tann dœ bó*
tant de bon
Pourvu que ça arrive !

**Tant de bo puguis acompanyar-me !**
*tann dœ bó pougui-z koumpœgnar mœ*
tant de bon tu-puisses accompagner-me
Pourvu que tu puisses m'accompagner !

**Ho desitjo tant !**
*ou dœzidjou tann*
le je-souhaite tant
Je le souhaite tellement !

**Si fos així !**
*si fózœchi*
si ce-fût ainsi
Pourvu que ce soit comme ça !

## Exprimer sa surprise

**Quina sorpresa !**
*kinœ sourprèzœ*
Quelle surprise !

**No m'ho puc creure !**
*nó mou pouk krèourœ*
non me le je-peux croire
Je ne peux pas le croire !

**De veritat ?**
*dœ bœritat*
de vérité
C'est vrai ?

**Però què ha passat ?**
*pœrò kè a pœssatt*
mais quoi a passé
Mais que s'est-il passé ?

**És increïble !**
*œz innkrœiblllœ*
C'est incroyable !

**Què ? / Com ?**
*kè / kòmm*
Quoi ? / Comment ?

**Déu meu !**
*déou méou*
Mon Dieu !

**Això no m'ho havia esperat.**
*œchò nó mou œbiœ œsspœratt*
cela non me le j'avais attendu
Je ne m'étais pas attendu à ça.

**No pot ser veritat !**
*nó pòtt ssé bœritatt*
non peut être vérité
Ce n'est pas possible ! / Ce n'est pas vrai !

**M'he quedat bocabadat !**
*mé kœdatt bókœbœdatt*
me-j'ai resté bouche bée
J'en suis resté/e bouche bée !

## Se sentir mal

**No em sento bé avui.**
*nó mm sénntou bé œbouï*
non me je-sens bien aujourd'hui
Je ne me sens pas bien aujourd'hui.

**No estic gaire catòlic.**
*nó œsstik gaïrœ kœtòlik*
non je-suis très catholique
Je suis patraque.

**No estic gens bé.**
*no œsstik jénnss bé*
non je-suis pas-du-tout bien
Je ne suis pas bien du tout.

**Em sento malalt/-a.**
*œmm sénntou mœlall / mœlalltœ*
me je-sens malade
Je me sens malade.

**Estic rebentat/-tada.**
*œsstik rœbœnntatt/-tadœ*
Je suis fourbu/e, crevé/e.

**Estic cansat/-sada.**
*œsstik kœnnsatt/-sadœ*
Je suis fatigué/e.

## S'ennuyer

**M'estic avorrint.**
*mœsstik œbourrinn*
me je-suis ennuyant
Je m'ennuie.

**No t'avorreixes ?**
*nó tœbourrèchœss*
non te tu-ennuies
Tu ne t'ennuies pas ?

**Què fem per aquí ?**
*kè fèmm pœr ki ?*
que nous-faisons par ici
Que faites-vous par ici ?

**Aquesta pel·lícula no em diu res.**
*œkkèstœ pœll-llikoullœ nó œmm diou rèss*
cette pellicule non me dit rien
Ce film ne me dit rien.

**M'avorreixo com una ostra.**
*mœbourrèchou kòmm ounòsstrœ*
me j'ennuie comme une huître
Je m'ennuie comme un rat mort.

**Això em deixa fred.**
*œchò œmm déchœ frètt*
cela me laisse froid
Ça ne m'intéresse pas.

## Exprimer une déception

**Estic desenganyat.**
*œsstik dœzœnnguœgnatt*
Je suis désabusé.

**Què hi hem de fer ?**
*kè i èmm dœ fé*
quoi y nous-avons de faire
Que pouvons-nous y faire ?

**No s'hi pot fer res.**
*nó si pòtt fé rèss*
non s'y peut faire rien
On ne peut rien y faire.

**Quina llàstima !**
*kinœ l'yasstimœ*
Quel dommage !

**No ha valgut la pena.**
*nó a bœllgoutt la pènœ*
non a valu la peine
Ça ne valait pas la peine.

**Si ho hagués sabut !**
*si ou œguéss sœboutt*
si le j'eusse su
Si je l'avais su !

## Avoir peur

**Em preocupa…**
*œmm prœoukoupœ*
me préoccupe
Je suis inquiet/-ète pour…

**M'he espantat.**
*mé œsspanntatt*
me j'ai effrayé
J'ai eu peur.

**Tinc por.**
*tinnk pó*
me-j'ai chié de peur
J'ai peur.

**M'he cagat de por.** 💣
*mé kœgatt dœ pó*
me-j'ai chié de peur
J'ai eu la plus belle frousse de ma vie.

**Estic preocupat/-da per...**
*œsstik prœoukoupatt/-dœ pœr*
je-suis préoccupé/e par
Je suis inquiet/-ète pour...

**Em fa una mica de por que...**
*œmm fa ounœ mikœ dœ pó kœ*
me fait un peu de peur que
J'ai un peu peur que...

## Compatir

**Quina mala sort !**
*kinœ mallœ sòrtt*
quelle mauvaise sort
Quelle malchance !

**Pobre ! / Pobret !**
*pòbrœ / poubrètt !*
Pauvre ! / Le pauvre !

**Em puc imaginar com et deus sentir.**
*œmm pouk imœjina kòmm œtt déouss sœnnti*
me je-peux imaginer comment te tu-dois sentir
Je peux imaginer comment tu dois te sentir.

**Quina putada que t'han fet !** 💣
*kinœ poutadœ kœtann fètt*
quelle vacherie que t'ils-ont fait
Quelle vacherie on t'a faite !

**Em sap greu que t'hagi passat això.**
*œmm sapp gréou kœ taji pœssatt œchò*
me sait grave que il-t'ait passé cela
Je regrette qu'il te soit arrivé ça.

## Consoler

**No és tan greu com sembla, home.**
*no éss tann gréou kòmm sèmmblœ, hòmœ*
non est si grave comme il-semble, homme
Ce n'est pas si grave que ça, allons.

**Ànim ! au ! fort !**
*animm ! aou ! fòrtt !*
courage allons fort !
Courage ! allons ! du cran !

**Hauria pogut acabar pitjor.**
*aouriœ pougoutt œkœbapidjó*
aurait pu finir pire
Ça aurait pu être pire.

**Això ja s'arreglarà.**
*œchò ja sœrrœglœra*
cela déjà s'arrangera
Ça va bien s'arranger.

**No pateixis. No passis ànsia.**
*no pœtèchiss. no passiss annssi*
ne souffre pas ne passe anxiété
Ne t'en fais pas.

## Se défendre

**Deixi'm tranquil / -quil·la !**
*déchimm trœnnkill / -kill-llœ*
laisse-moi tranquille
Laissez-moi tranquille !

**Deixa'm en pau !**
*déchœmm œnn paou*
laisse-moi en paix
Fiche-moi la paix !

**No es posi pesat !**
*no œss pòzi pœzatt*
ne se mette lourd
Ne m'ennuyez pas !

**Vols callar !**
*bòllss kœl'ya*
tu-veux taire
Tais-toi !

**No veus que fas nosa ?**
*no bèouss kœ faz nòzœ*
non tu-vois que tu-fais embarras
Tu ne vois pas que tu fais suer ?

**No m'emprenyis !**
*no m'œmmprègniss*
ne me-mets-pas-enceinte
Fous-moi la paix !

**No m'empipis !**
*no m'œmmpipiss*
ne m'embête
Ne me casse pas les pieds !

**No em facis la punyeta !** (familier)
*no œmm fassiss la pougnètœ*
Ne m'enquiquine pas !

## Donner un conseil

**No dubtis !**
*no doubtiss*
ne doute
N'hésite pas !

**No ho facis !**
*no ou fassiss*
Ne le fais pas !

**Fes-ho !**
*fézou*
Fais-le !

**Si jo fos tu, ho faria.**
*si jó fòss tou, ou fœriœ*
si je fusse toi, le je-ferais
À ta place, je le ferais.

**T'aconsello de…**
*tœkounnsèl'you dœ*
te-je-conseille de
Je te conseille de…

## Juger / Apprécier

**M'agrada molt el vi negre.**
*mœgradœ mòll œll bi nègrœ*
me plaît beaucoup le vin noir
J'aime beaucoup le vin rouge.

**En Pere, el trobo molt simpàtic.**
*œnn pérœ, œll tròbou mòll simmpatik*
le Pere, le je-trouve très sympathique
Je trouve Pere très sympathique.

**En Pep em cau fatal.**
*œnn pèpp œmm kaou fœtall*
le Pep me tombe fatal
Je trouve Pep épouvantable.

**L'Elisabet em cau molt bé !**
*lœllizœbètt œmm kaou mòll bé*
l'Elisabeth me tombe très bien
Je trouve Élisabeth super !

**No puc soportar el flamenc.**
*no pouk soupourta œll flœmènnk*
non je-peux supporter le flamenco
Je ne peux pas supporter le flamenco.

**Avorreixo la carn de bou massa cuita.**
*œbourrèchou la karnn dœ bòou massœ kouïtœ*
je-hais la viande de bœuf trop cuite
Je déteste la viande de bœuf trop cuite.

| **És...** | **Això és...** | **Això ho trobo...** |
|---|---|---|
| *éss* | *œchò éss* | *œchò ou tròbou* |
| C'est... | Cela est... | cela le je-trouve<br>Je trouve ça... |

| | | |
|---|---|---|
| **fatal** | *fœtall* | affreux, insupportable |
| **agradable** | *œgrœdabbllœ* | agréable |
| **amable** | *œmabbllœ* | aimable |
| **antipàtic** | *anntipatik* | antipathique |
| **de molt bon gust** | *dœ mòll bònn goustt* | de très bon goût |
| **avorrit** | *œbourritt* | ennuyeux |
| **fantàstic** | *fœnntasstik* | fantastique |
| **graciós** | *grœssióss* | gracieux, joyeux |
| **cursi** | *koursi* | guindé, snob |
| **horrible** | *hourribbllœ* | horrible, affreux |
| **insuportable** | *innsoupourtabbllœ* | insupportable |
| **bonic** | *bounik* | joli, beau |
| **pesat** | *pœzatt* | lourd, enquiquinant |
| **repugnant** | *rœpougnann* | répugnant |

## Sympathie

**Et trobo simpàtic.**
*œtt tròbou simmpatik*
te je-trouve sympathique
Je te trouve sympathique.

**Ets magnífica.**
*étss mœg'nifikœ*
tu-es magnifique
Tu es magnifique.

**M'agrades.**
*mœgradœss.*
me tu-plais
Tu me plais.

**És un tros de dona.**
*ézounn tròss dœ dònœ.*
c'est un morceau de femme
C'est un beau brin de fille.

## Amour

**T'estimo.**
*tœsstimou*
te-j'aime
Je t'aime.

**Jo també t'estimo.**
*jò tœmmbé t'œsstimou*
moi aussi te-j'aime
Moi aussi je t'aime.

**M'he enamorat.**
*mé œnœmouratt*
me-j'ai énamouré
Je suis tombé amoureux.

**Ja tinc una promesa, una xicota.**
*ja tinnk ounœ proumèzœ, ounœ chikòtœ*
déjà j'ai une fiancée, une petite-amie
J'ai déjà une fiancée, une petite amie.

**La meva companya acaba d'abandonar-me.**
*la mébœ koumpagnœ œkabœ d'œbanndounarmœ*
la mienne compagne achève de abandonner-moi
Ma petite amie vient de me laisser tomber.

**Estic enamorada d'En Marc.**
*œsstik œnœmouradœ d'œnn mark*
je-suis amoureuse du Marc
Je suis amoureuse de Marc.

## Expressions diverses

**Escolta !**
*œsskóllœ*
écoute
Écoute, tiens !

**Escolti !**
*œsskóllti*
écoutez
Écoutez, tenez !

**Em permet ?**
*œmm pœrmètt*
me il-permet
Vous permettez ?

EM PERMET ?
(Vous permettez ?)

**Té. / Tingui.**
*té / tingui*
tiens / tenez
Tiens. / Tenez.

**Home !**
*hòmœ*
homme
Tiens, quoi ! eh bien !

**A veure…**
*a bèourœ*
à voir
Voyons…

**Vejam…**
*vœjamm*
voyons
Voyons…

**Imagina't !**
*imœjinœtt*
imagine-toi
Imagine !

**Com ha dit ?**
*kòmm a ditt*
comment vous-avez dit
Comment avez-vous dit ?

**Fixa't !**
*fikssœtt*
fixe-toi
Regarde bien ! /
Fais attention !

**Què hi ha ?**
*kè i a*
quoi y a
Qu'y a-t-il ?

**És a dir...**
*ézœdi*
c'est-à-dire
C'est-à-dire...

**A més a més...**
*œmézœméss*
à plus à plus
D'ailleurs, de plus...

**Per l'altra banda...**
*pœr lalltrœ banndœ*
par l'autre côté
D'un autre côté...

**Tanmateix...**
*tannmœtéch*
cependant, malgré tout
Cependant, malgré tout...

| | | |
|---|---|---|
| **Obert** | *oubèrtt* | ouvert |
| **Tancat** | *tœnnkatt* | fermé |
| **Estireu** | *œsstirèou* | tirez |
| **Empenyeu** | *œmmpœgnèou* | poussez |
| **Es ven** | *œss bénn* | à vendre |
| **Es lloga** | *œss l'yógœ* | à louer |
| **No fumeu !** | *no foumèou* | défense de fumer |
| **No trepitgeu la gespa !** | *no trœpidjèou la jésspœ* | défense de marcher sur la pelouse |
| **Perill !** | *pœril'y'* | danger ! |
| **Perill de mort !** | *pœril'y'dœ mòrtt* | danger de mort ! |

## FAIRE CONNAISSANCE

Voici un petit dialogue imaginaire pour vous familiariser avec la langue telle qu'elle peut se présenter dans une scène concrète. Il peut vous permettre d'entamer une conversation avec des Catalans dans un bar ou tout autre lieu où il n'est pas interdit de fumer. **És clar !**

**Perdoni (perdona), que té (tens) foc ?**
*pœrdóni (pœdónœ), kœ té (ténnss) fòk*
pardonnez (pardonne), que il-a (tu-as) du-feu
Excusez-moi (s'il te plaît), avez-vous (as-tu) du feu ?

**No, em sap greu, però no fumo.**
*no, œmm sapp gréou, pœrò no foumou*
non, me sait grave, mais non je-fume
Non, je regrette, mais je ne fume pas.

**Escolti (escolta), però vostè no és (tu no ets) d'aquí, oi ?**
*œsskóllti (œsskólltœ), pœrò bousstè no éss (tou nó étss) d'œki, oï*
écoutez (écoute), mais vous non est (toi non tu-es) d'ici, n'est-ce pas
Excusez-moi (excuse-moi), mais vous n'êtes pas (tu n'es pas) d'ici, n'est-ce pas ?

**No, sóc francès/-esa, belga, suís/-ïssa, quebequès/-esa, subsaharià/-ana.**
*no, sók frœnnssèss /-èzœ, bèllgœ, souiss/-issœ, kœbœkèss /-èzœ, soubssœ hœria/-anœ*
Non, je suis français/e, belge, suisse, québéquois/-e, d'Afrique noire.

**Però com és que parla (parles) català ?**
*pœrò kòmm éss kœ parlœ (parlœss) kœtœla*
mais comment est que il-parle (tu-parles) catalan
Mais comment se fait-il que vous parliez (tu parles) catalan ?

**Doncs, estic contentíssimm / contentíssima !**
*dònnss, œsstik kounntœnntíssimm / kounntœnntissimmœ*
donc, je-suis très-content / très-contente
Eh bien, je suis ravi / ravie !

**Encara no el parlo bé ; només en sé una mica.**
*œnnkarœ no œll parlou bé nouméss œnn sé ounœ mikœ*
encore non le je-parle bien ; seulement en je-sais un peu
Je ne le parle pas bien encore ; je ne le connais qu'un peu.

**Per què no s'asseu (t'asseus) amb nosaltres ?**
*pœrkè no s'œssèou (t'œssèouss) œmm nouzalltrœss*
pourquoi non il-s'asseoit (tu-t'assecis) avec nous
Pourquoi ne pas vous/t' asseoir avec nous ?

**Així encara no té (no tens) foc i no pot (no pots) encendre la cigarreta.**
*œchi œnnkarœ no té (no ténnss) fòk i no pòtt (no pòttz) œnnsséénndrœ la ssigœrrètœ*
ainsi encore non il-a (non tu-as) feu et non il-peut (non tu-peux) allumer la cigarette
Ah, vous n'avez (tu n'as) pas encore de feu et vous ne pouvez pas (tu ne peux pas) allumer votre (ta) cigarette.

## Se présenter

**Com es diu ?**
*kòmm œss diou*
comment se il-dit
Comment vous vous appelez ?

**Com et dius ?**
*kòmm œtt diouss*
comment te tu-dis
Comment t'appelles-tu ?

**Em dic Núria ; i vostè ? / i tu ?**
*œmm dik nouriœ ; i bousstè / i tou*
me je-dis Núria et vous et toi
Je m'appelle Núria ; et vous ? / et toi ?

**Aquest és el meu amic Pep.**
*œkèsst ézœll méou œmik pèp*
celui-ci est le mien ami Pep
Voici mon ami Pep.

**Hola, com anem ?**
*òllœ , kòmm œnèmm*
salut, comment allons-nous
Salut, comment ça va ?

**I quin és el teu cognom ?**
*i kinn ézœll téou koug'nómm*
et quel est le tien nom-de-famille
Et quel est ton nom de famille ?

**El meu cognom és...**
*œll méou koug'nómm éss*
le mien nom-de-famille est
Mon nom de famille est... / Je m'appelle...

**Li (et) presento el senyor Puig...**
*li (œtt) prœzénntou œll sœgnó poutch*
lui (te) je-présente le Monsieur Puig
Je vous (te) présente Monsieur Puig...

**Molt de gust ! Encantat/-tada !**
*mòll dœ gousstt œnnkœnntatt/-tadœ*
beaucoup de plaisir ! enchanté/e
Enchanté/e !

## En boîte

**T'agrada ballar ?**
*tœgradœ bœl'ya*
te plait danser
Aimes-tu danser ?

**Vols ballar amb mi ?**
*bòllss bœl'ya œmm mi*
tu-veux danser avec moi
Tu veux danser avec moi ?

**No, perdona, però ara no tinc ganes.**
*no, pœrdónœ, pœrò arœ no tinnk ganœss*
non, pardonne, mais maintenant non j'ai envie
Non, pardonne-moi, mais je n'ai pas envie maintenant.

**Vinga, anem-hi.**
*binngœ, œnèmm i*
Viens, allons-y.

**No sé ballar.**
*no sé bœl'ya*
non je-sais danser
Je ne sais pas danser.

**Ja t'he dit que no, home !**
*ja té ditt kœ nó, hòmœ*
déjà te-j'ai dit que non, homme
Je t'ai déjà dit que non !

**Has vingut amb més gent ?**
*haz binngoutt œmm méss jénn*
tu-as venu avec plus de-gens
Tu es venu/e avec d'autres ?

**Surto fora un moment.**
*sourtou fòrœ ounn mouménn*
je-sors dehors un moment
Je sors un moment.

**Que véns ?**
*kœ bénnss*
que tu-viens
Tu viens ?

**Deixa'm en pau.**
*déchœmm œnn paou*
laisse-moi en paix
Laisse-moi tranquille.

**Per què no anem a un lloc més tranquil ?**
*pœrkè no œnèmm œ ounn l'yòk méss trœnnkill*
pourquoi non nous-allons à un lieu plus tranquille
Pourquoi n'allons-nous pas dans en endroit plus tranquille ?

Vous pouvez également lier connaissance autour d'un verre, au bar de la discothèque :

**Anem al taulell del bar a beure una copa ?**
*œnèm œll taoullél'y' dœll bar œ bèour ounœ kópœ*
nous-allons au comptoir du bar à boire un verre
Nous allons au comptoir du bar boire un verre ?

**Què prens tu ?**
*kè prènnss tou*
Que prends-tu ?

**Què m'aconselles ?**
*kè m'œkounsèl'yœss*
Que me conseilles-tu ?

**Bé, jo per la meva part prenc una cubata.**
*bé, jò pœr la mébœ partt prènnk ounœ koubatœ*
bien, moi pour la mienne part je-prends un whisky-coca
Bien, de mon côté je vais prendre un whisky-coca.

| | | |
|---|---|---|
| **una tònica** | *ounœ tònikœ* | un "tonic" |
| **un got de whisky** | *ounn gòtt dœ ouisski* | un whisky |
| **una copa de cava (xampany català)** | *ounœ kópœ dœ kabœ* | une coupe de "champagne catalan" |
| **un suc de taronja** | *ounn scuk de tœrònnjœ (trònnjœ)* | un jus d'orange |
| **un suc d'aranja** | *ounn souk d'œranjœ* | un jus de pamplemousse |
| **un campari amb gel** | *ounn kœmmpari œmm jèll* | un campari avec des glaçons |
| **un granissat** | *ounn grœnissatt* | un granité |
| **una canya de cervesa negra** | *ounœ kagnœ dœ sœrbèzœ nègrœ* | un demi de bière brune |
| **una copa de moscatell** | *ounœ kópœ dœ mouskœtél'y'* | un verre de muscat |

**Ara et convido jo. Em toca a mi.**
*arœ œtt kounnbidou jò. œmm tòkœ a mi*
maintenant te j'invite moi. me touche à moi
Maintenant, c'est moi qui t'invite. C'est à mon tour.

**Has vingut sol/a ?**
*hàz binngoutt sòll/sòllœ*
as-tu venu seul/e
Tu es venu/e seul/e ?

## ÊTRE INVITÉ

Comme dans tous les pays méditerranéens, la vie sociale se déroule en grande partie à l'extérieur de la maison, suivant les circonstances de lieu et de saison, dans les bars, les cafés, les glaciers, les restaurants ou sur les plages. Une invitation à la maison est moins fréquente et est la marque d'une indéniable estime et d'une intégration profonde et intime au

groupe d'amis ou à la famille. Si vous êtes invité, n'apportez pas de fleurs, mais une bonne bouteille de **cava** (ou **xampany català**) sera toujours la bienvenue. Souvenez-vous que le Catalan est toujours très fier de l'être et flatter son amour propre est toujours bien ressenti et apprécié.
S'il y a des invités, le repas de fête typique se compose de plusieurs plats. Tout commence par un **aperitiu**, *apéritif*, et des *amuse-gueules*, **les tapes** ou **menges d'aperitiu**, pour vous mettre en appétit et faciliter la conversation et la convivialité.
Le repas se poursuit par **el primer plat**, *l'entrée*, ensuite **el segon plat**, *le plat principal*, en général avec de la viande rôtie ou du poisson et du vin. Les Catalans sont de gros mangeurs de poisson, surtout si l'on compare avec les Français, mais il est évident que tout dépend aussi du lieu en terre catalane et de l'époque de l'année. Il est vrai que la plupart des visiteurs venus de France, de Belgique ou de Suisse romande visitent la Catalogne (nord et sud), les Baléares ou Valence pendant la saison estivale ! Le saladier et la corbeille de pain sont en commun. Au dessert, il y aura peut-être bien une *crème*, **el flam**, **la crema cremada** ou **crema catalana**, et *des fruits de saison*, **la fruita del temps**.

Un bon *repas*, **l'àpat**, ne peut pas se terminer sans **cafè** et une petite *coupe de cognac*, **una copa de conyac català**. Bien souvent il y aura aussi des *gâteaux*, **pastissos**, et des *sucreries*, **els dolços**. Mais le plus important reste **la sobretaula**, mot à mot la "surtable", ce moment magique où l'on discute, bavarde de tout et de rien, parfois pendant des heures, en buvant du café et en fumant un **cigar**, *cigare*, bien que cela *nuise à la santé*, **perjudica greument la salut**. C'est l'occasion d'utiliser vos compétences en catalan, et n'oubliez pas que rien ne vaut la pratique !

**Què et semblen els musclos ?**
*kè œtt sémmblœnn œllz mousklous*
que te semblent les moules
Qu'est-ce que tu penses des moules ?

**M'agraden molt !**
*m'œgradœnn móll*
me elles-plaisent beaucoup
Je les aime beaucoup !

**Què li sembla la paella ?**
*kè li sémmblœ la pœél'yœ*
que lui semble la paella
Que pensez-vous de la paella ?

**És boníssima !**
*éz bounissimœ*
elle-est très-bonne
Elle est excellente !

**Vols més vi blanc ?**
*bòllz méss bi blannk*
tu-veux plus vin blanc
Veux-tu plus de/encore du vin blanc ?

**No, gràcies, no en vull més.**
*no, grassiœss, no œnn boul'y' méss*
non, merci, non en je-veux plus
Non, merci, (je n'en veux pas plus).

**Vol més peix ?**
*bòll méss péch*
il-veut plus poisson
Voulez-vous plus de poisson ?

**Una mica més ?**
*ounœ mikœ méss*
un petit-peu plus
Un peu plus ?

**Sí, gràcies, posi-me'n un poc més.**
*sí, grassiœss, pòzi-mœnn ounn pòk méss*
Oui, merci, mettez-m'en un peu plus.

**Ja no puc més.**
*ja nó pouk méss*
déjà non je-peux plus
Je n'en peux plus.

**Estic més que tip/a.**
*œsstikméss kœ tipp/œ*
je-suis plus que repu/e
Je suis vraiment repu/e.

**Puc endur-me els plats ?**
*pouk œnndour-mœ œlls plattss*
je-peux emporter-me les assiettes
Est-ce que je peux débarrasser ?

**Que prendrà cafè ?**
*kœ pœnndra kœfè*
que il-prendra café
Prendrez-vous du café ?

**Prendràs un conyac ?**
*pœnndrazounn kougnak*
Tu prendras un cognac ?

**Li agraden les sardanes ?**
*li'gradœnn lœss sœrdanœss*
à-lui plaisent les sardanes
Vous aimez les sardanes ?

**I què són "sardanes" ?**
*i kè sónn "sœrdanœs"*
et que sont "sardanes"
Et c'est quoi, les "sardanes" ?

**És el ball nacional català i es balla així...**
*éz œll bal'y' nœssiounall kœtœla i œss bal'yœ œchi*
c'est le danse national catalan et se danse ainsi
C'est la danse nationale catalane, et on la danse comme ça...

## L'âge

**Quants anys tens ?**
*kouannz agn'ss ténnss*
combien années tu-as
Quel âge as-tu ?

**En tinc vint-i-cinc.**
*œnn tinnk binntissinnk*
en j'ai vingt-cinq
J'ai vingt-cinq ans.

**A veure si endevines la seva edat.**
*a bèourœ si œnndœbinœss la sébœdatt*
à voir si tu-devines la sienne âge
Voyons si tu devines son âge.

**Quants anys em fas ?**
*kouanns agn'z œmm fass*
combien d'ans me fais-tu
Tu me donnes quel âge ?

**Te'n faig uns trenta-dos.**
*tœnn fatch ounnss trènntœ-dóss*
t'en je-fais quelques trente-deux
Je te donne environ trente-deux.

**Gairebé. Més o menys.**
*gaïrœbé. mézoummègn'ss*
Presque. Plus ou moins.

**Sembles més jove.**
*sèmmblœss méss jóbœ*
Tu sembles plus jeune.

## La famille

**Que té germans ?**
*kœ té jœrmannss*
que il-a des-frères
Avez-vous des frères ?

**No, sóc fill/a únic/a.**
*no, sók fil'y'/fil'yœ ounik/œ*
non, je-suis fils/fille unique
Non, je suis fils/fille unique.

**Sí que en tinc : un germà i una germana.**
*si kœ œnn tinnk : ounn jœrma i ounœ jœrmanœ*
oui que en j'ai : un frère et une sœur
Oui j'en ai : un frère et une sœur.

**Ets casat ?**
*ètss kœzatt*
tu-es marié
Es-tu marié ?

**No, encara sóc solter/a.**
*nó, œnnkarœ sók soullté/rœ*
non, encore je-suis célibataire
Non, je suis encore célibataire.

**Em casaré el mes que ve.**
*œmm kœzœré œll méss kœ bé*
me je-marierai le mois qui vient
Je me marierai le mois prochain.

**Jo, vaig casar el fill l'any passat.**
*jò, batch kœza œll fil'y' l'agn' pœssatt*
moi, je-vais marier le fils l'année passée
Moi, j'ai marié mon fils l'année dernière.

**El meu marit s'ha quedat a França.**
*œll méou mœritt sakœdatt œ frannssœ*
le mien mari s'a resté à France
Mon mari est resté en France.

**Tenim un fill i dues filles.**
*tœnimm ounn fil'y' i douœss fil'yœss*
nous-avons un fils et deux filles
Nous avons un fils et deux filles.

**Ara et faré conèixer els meus pares.**
*arœ œtt fœré kounèchœ œllz méouss parœss*
maintenant te je-ferai connaître les miens parents
Maintenant, je vais te faire connaître mes parents.

**Acaben d'arribar.**
*œkabœnn d'œrriba*
ils-finissent d'arriver
Ils viennent d'arriver.

| | | |
|---|---|---|
| **pare / mare** | *parœ / marœ* | père / mère |
| **els pares** | *œllss parœss* | les parents |
| **els parents** | *œllss pœrénnss* | les parents (famille) |
| **l'avi, l'àvia** | *labi, labiœ* | le grand-père, la grand-mère |
| **el germà** | *œll jœrma* | le frère |
| **la germana** | *la jœrmanœ* | la sœur |
| **el fill, la filla** | *œll fil'y', la fil'yœ* | le fils, la fille |
| **l'oncle, la tia** | *lónnklœ, la tiœ* | l'oncle, la tante |
| **el nét, la néta** | *œll nétt, la nétœ* | le petit-fils, la petite-fille |
| **el cosí, la cosina** | *œll kouzí, la kouzínœ* | le cousin, la cousine |
| **el nebot, la neboda** | *œll nœbótt, la nœbódœ* | le neveu, la nièce |
| **el marit, la dona / muller** | *œll mœritt, la dònœ / moul'yé* | le mari, la femme |

| | | |
|---|---|---|
| **el gendre,** | *œll jènndrœ,* | le gendre, |
| **la nora** | *la nórœ* | la belle-fille |
| **el sogre,** | *œll sògrœ,* | le beau-père, |
| **la sogra** | *la sògrœ* | la belle-mère |

| | | |
|---|---|---|
| **solter / soltera** | *soulté / soultérœ* | célibataire |
| **casat /casada** | *kœssatt / kœssadœ* | marié/e |
| **divorciat / divorciada** | *dibourssiatt / diboursiadœ* | divorcé/e |
| **vidu / vídua** | *bídou / bídouœ* | veuf/veuve |

## Les professions

**De què fas ?**
*de kè fass*
de quoi fais-tu
Que fais-tu comme métier ?

**A què es dedica vostè ?**
*a kè œss dœdikœ boustè*
à quoi se-consacre vous
Vous faîtes quoi comme métier ?

**Faig de cuiner/a.**
*fatch dœ kouïné/-rœ*
je-fais de cuisinier/-ère
Je suis cuisinier/-ère.

**Encara sóc estudiant/a.**
*œnnkarœ ssók œsstoudiann/tœ*
encore je-suis étudiant/e
Je suis encore étudiant/e.

**Sóc aturat/-ada, desocupat/-ada.**
*sók œtouratt/adœ, dœzoukoupatt/adœ*
Je suis chômeur/-euse.

**Sóc enginyer/a químic/a.**
*sók œnnjigné/-rœ kímik/œ*
Je suis ingénieur chimiste. (m. et f.)

**M'he quedat sense feina i cobro el subsidi d'atur.**
*mé kœdatt sénnssœ fèïnœ i kòbrou œll soubzidi dœtour*
me-j'ai resté sans travail et je-touche le allocation de-chômage
J'ai perdu mon emploi et je touche les indemnités de chômage.

| **Sóc...** | | Je suis... |
|---|---|---|
| **forner/a** | *fourné/rœ* | boulanger/-ère |
| **perruquer/a** | *pœrrouké/rœ* | coiffeur/-euse |
| **empleat/-da** | *œmmplœatt/-adœ* | employé/e |
| **estudiant/a** | *stoudiann/tœ* | étudiant/e |
| **enginyer/a** | *œnnjigné/rœ* | ingénieur (m. et f.) |
| **mestre/-a** | *mèsstrœ/-œ* | instituteur/-trice |
| **mestressa de casa** | *mœsstrèssœ dœ kazœ* | maîtresse de maison |
| **mecànic/a** | *mœkanik/œ* | mécanicien/ne |
| **metge/-essa** | *médjœ/-èssœ* | médecin (m. et f.) |
| **fuster/a** | *fousté/rœ* | menuisier (m. et f.) |
| **obrer/-a** | *oubré/rœ* | ouvrier/-ière |
| **professor/a** | *proufœssó/rœ* | professeur (m. et f.) |
| **jubilat/-da** | *joubilatt/-adœ* | retraité/e |
| **secretària** | *sœcrœtariœ* | secrétaire |

## FAIRE DES ACHATS

**Hola, bon dia !**
*òllœ, bònn diœ*
Salut, bonjour !

**Li puc ajudar amb alguna cosa ?**
*li pouk œjouda œmmbœllgounœ kòzœ*
à-lui je-peux aider avec quelque chose
Puis-je vous être utile ?

**Sí, estic buscant un diccionari català-francès.**
*si, œsstik bouskann ounn dikssiounari kœtœla-frannssèss*
oui, je-suis cherchant un dictionnaire catalan-français
Oui, je cherche un dictionnaire catalan-français.

**Que tenen diccionaris ?**
*kœ ténnœnn dikssiounariss*
que ils-ont des-dictionnaires
Avez-vous des dictionnaires ?

**Quin em podria recomanar ?**
*kinn œmm poudriœ rœkoumœna*
quel me il-pourrait recommander
Lequel pourriez-vous me conseiller ?

**Em temo que ara per ara només tenim aquest.**
*œmm témou kœ arœ pœr arœ nouméss tœnim œkètt*
me je-crains que maintenant pour maintenant seulement nous-avons celui-ci
Je crains que nous n'ayons que celui-ci actuellement.

**Necessito un parell de sabates lleugeres.**
*nœssœssitou ounn pœrél'y' dœ ssœbatœss l'yéoujérœss*
j'ai-besoin une paire de chaussures légères
J'ai besoin d'une paire de chaussures légères.

**Li agraden aquestes ?**
*ligradœnn œkèsstœss*
à-lui elles-plaisent celles-ci
Aimez-vous celles-ci ?

**Quant valen ?**
*kouann ballœnn*
combien elles-valent
Combien coûtent-elles ?

**Ho trobo una mica car.**
*hou tròbou ounœ mikœ kar*
le je-trouve un petit-peu cher
Je trouve ça un peu cher.

**Em sembla un poc exagerat.**
*œmm sèmmblœ ounn pòk œgzœjœratt*
me semble un peu exagéré
Ça me semble un peu exagéré.

**No en té de més barates ?**
*nó œnn té dœ méz bœratœss*
non en il-a de plus bon-marché
N'en avez-vous pas de moins chères ?

**Estan bé de preu.**
*œsstann bé dœ prèou*
elles-sont bien de prix
Elles sont intéressantes.

**Crec que me les quedo.**
*krèk kœ mœ lœss kédou*
je-crois que me les je-reste
Je crois que je vais les prendre.

**Em quedo amb aquestes.**
*œmm kédou œmmbœkèsstœss*
me je-reste avec celles-ci
Je prends celles-ci.

## Liste des courses

| | | |
|---|---|---|
| **llumins / mistos** | *l'youminnss / misstouss* | allumettes |
| **bombeta** | *boumbètœ* | ampoule |
| **espelmes** | *œsspèllmœss* | bougies |
| **ampolla** | *œmmpól'yœ* | bouteille |
| **postal** | *poustall* | carte postale |
| **cinta** | *sinntœ* | cassette |
| **cigarretes** | *sigœrrètœss* | cigarettes |
| **compreses** | *kounnprèzœss* | compresses |
| **bolquers** | *boullkéss* | couches |
| **pasta dentifrícia / dentifrici** | *passtœ dœnntifrissiœ / dœnntifrissi* | dentifrice |
| **disc** (m.) | *dissk* | disque |
| **pel·lícula en color** | *pœll·llikoullœ œnn kouló* | film couleur |
| **oli bronzejador** | *óli brounnzœjœdó* | huile solaire |
| **texans** | *tœksannss* | jeans |
| **diari** | *diari* | journal |
| **detergent en pols** | *dœtœrjénn œnn póllss* | lessive en poudre |
| **llibre** | *l'yibrœ* | livre |
| **tireta** | *tirètœ* | pansement adhésif |
| **paper de wàter** | *pœpé dœ batœr* | papier hygiénique |

| | | |
|---|---|---|
| **paquet de tabac** | *pœkètt dœ tœbak* | paquet de tabac |
| **piles** | *pillœss* | piles |
| **plànol de la ciutat** | *planoull dœ la sioutatt* | plan de la ville |
| **preservatius** | *prœzœrbœtiouss* | préservatifs |
| **esparadrap** | *œsspœrœdrapp* | sparadrap |
| **tampons** | *tœmmpónnz* | tampons |
| **absorbents** | *œpssourbénnss* | |
| **segell** | *sœjél'y'* | timbre |

## Au marché

Que ce soit sur la côte, dans les grandes villes ou à l'intérieur des terres catalanes, la nourriture s'achète de préférence dans **els mercats**, les *marchés* . Non seulement on y trouve des produits très frais, mais aussi une ambiance extraordinaire. Les parfums des **fruita i verdura del temps**, *fruits* et *légumes de saison*, la beauté des étals de **peixos**, *poissons* et de **mariscos**, *fruits de mer* vous enchanteront. Vous entendrez et participerez aux dialogues sur le vif. Ne vous étonnez pas si on vous tutoie et si on vous appelle tantôt **rei** / **reina**, *roi / reine*, **noi** / **noia**, *garçon / fille* ou **maco / maca**, *beau / belle*. Et il existe encore bien d'autres mots aussi charmants que vous apprendrez à l'usage. Mais si les indigènes arrivent parfois à faire baisser les prix en **regatejant** *marchandant*, ce serait un miracle si vous, touriste, arriviez à ce même résultat. Il ne faut pas rêver !

**Qui és l'últim (el darrer) ?**
*ki éss l'oulltimm (œll dœrré)*
Qui est le dernier (dans la queue) ?

**Em sembla que ara em toca a mi.**
*œmm sèmmblœ kœ arœmm tókœ mi*
me semble que maintenant me touche à moi
Il me semble que c'est mon tour (que c'est à moi).

Il est coutumier de demander qui est la dernière personne afin de ne pas prendre la place de quelqu'un arrivé avant vous.

Il est donc nécessaire de respecter cet usage, gage de savoir-vivre et de civilité. Pour combien de temps encore ?

**Què et poso, reina ?**
*kè œtt pósou, réïnœ*
que te je-mets, reine
Qu'est-ce que je te donne, ma belle ?

**A quant pugen els pebrots avui ?**
*a kouann poujœnn œllss pœbròttss œbouï*
à combien montent les poivrons aujourd'hui
Les poivrons sont à combien aujourd'hui ?

**Quant valen aquestes patates ?**
*kouann ballœnn œkèstœss pœtatœss*
combien valent ces pommes-de-terre
Combien coûtent ces pommes de terre ?

**Pugen a tres euros.**
*poujœnn a trèss èourouss*
ils-montent à trois euros
Ils sont à trois euros.

QUI ÉS L'ÚLTIM ?
*(Qui est le dernier ?)*

**I a quant les síndries ?**
*i a kouann lœss sinndriœss*
Et à combien les pastèques ?

**Posi-me'n un quilo.**
*pòzi-mœnn ounn kilou*
Mettez-m'en un kilo.

**Què més et poso, noi ?**
*kè méss œtt pòzou, nòï*
que plus te je-mets, petit
Qu'est-ce que je vous mets en plus, mon petit ?

**Això fa nou euros tot plegat.**
*œchò fa nòou èourouss tótt plœgatt*
cela fait neuf euros tout plié
Ça fait neuf euros en tout.

**Adéu, que vagi bé !**
*œdéou, kœ baji bé*
adieu, que ça-aille bien
Au revoir, bonne journée !

## L'alimentation

| | | |
|---|---|---|
| **la mantega** | *la mœnntègœ* | le beurre |
| **la botifarra** | *la boutifarrœ* | le boudin, la saucisse |
| **el cafè** | *œll kœfè* | le café |
| **la xocolata** | *la choukoulatœ* | le chocolat |
| **el xoriço** | *œll chourissou* | le chorizo |
| **la llimona** | *la l'yimónœ* | le citron |
| **el cogombre** | *œll kougómmbrœ* | le concombre |
| **el formatge** | *œll fourmadjœ* | le fromage |
| **el gelat** | *œll jœllatt* | la glace |
| **el pastís** | *œll pœsstiss* | le gâteau |
| **el pernil dolç** | *œll pœrnill dóllss* | le jambon blanc |
| **el pernil del país** | *œll pœrnill dœll pœiss* | le jambon de pays |
| **el suc de...** | *œll souk dœ* | le jus de... |
| **la llet** | *la l'yétt* | le lait |
| **l'enciam** | *l'œnnsiamm* | la laitue |

| | | |
|---|---|---|
| **el conill** | *œll kounil'y'* | le lapin |
| **les patates** | *lœss pœtatœss* | les pommes de terre |
| **els tomàquets,** <br> **les tomates** | *œlss toumakœttss,* <br> *lœss toumatœss* | les tomates |
| **la taronja** | *la tœrònnjœ* | l'orange |
| **l'ou** | *l'oou* | l'œuf |
| **el pa** | *œll pa* | le pain |
| **el pebrot** | *œll pœbròtt* | le poivron |
| **la poma** | *la pómœ* | la pomme |
| **el pollastre** | *œll poul'yastrœ* | le poulet |
| **l'arròs** | *l'œrròss* | le riz |
| **l'amanida** | *l'œmœnidœ* | la salade (variée) |
| **la salsitxa** | *la sœllsitchœ* | la saucisse |
| **la llonganissa** | *la l'younngœnissœ* | le saucisson |
| **l'escarola** | *l'œskœròlœ* | la scarole, la frisée |
| **el sucre** | *œll soukrœ* | le sucre |
| **la carn...** | *la karnn...* | la viande... |
| **... de bou** | *... dœ bòou* | ... de bœuf |
| **... de porc** | *... dœ pòrk* | ... de porc |
| **... de vedella** | *... dœ bœdél'yœ* | ... de veau |

# MANGER ET BOIRE

## Quelques spécialités catalanes

**pa amb tomàquet**
*pa œmm toumakètt*

**la truita (d'ous)**
*la trouïtœ (d'óouss)*
l'omelette

**la truita francesa**
*la trouïtœ frœnnssèzœ*
l'omelette nature

**la truita de patates**
*la trouïtœ dœ pœtatœss*
l'omelette aux pommes de terre

**la truita d'espinacs**
*la trouïtœ d'œsspinakss*
l'omelette aux épinards

Pour avoir une idée de la richesse de la gastronomie catalane, valencienne et baléare, il convient d'avoir un bref aperçu des possibilités gastronomiques, certaines très accessibles, d'autres moins car tous les restaurants ne sont pas forcément dirigés par des *chefs,* **xef**.

| | |
|---|---|
| **pa amb oli**<br>*pa œmmbòli* | aux Baléares, une bonne tranche de pain de campagne, frottée d'ail et de tomate, avec de l'huile d'olive pour accompagner du jambon, de l'omelette, etc. |
| **la sobrassada**<br>*la sóbrœssadœ* | la sobrassade, sorte de boudin majorquin fait de viande de porc hachée très fin, assaisonnée avec du sel et du piment rouge. |
| **la paella**<br>*la pœél'yœ* | la paella, bien connue des Français et de tous ceux qui ont visité les côtes des pays catalans. |
| **l'all i oli**<br>*l'àl'y' i óli* | sauce à base d'ail pilé et d'huile d'olive, sel et jus de citron. L'**all i oli** catalan est fait sans œuf. |
| **la fideuada (fideuà)**<br>*la fidèouadœ (fidèoua)* | tout aussi typique, bien que moins connue à l'étranger. Il s'agit d'une sorte de paella à base de vermicelles ou de nouilles fines. |
| **les amanides**<br>*lœz œmœnidœss* | les salades (à base de laitue ou de scarole, tomates, olives, poivrons, oignons doux, etc., assaisonnées à l'huile d'olive, bien sûr, vinaigre, sel...) |
| **l'esqueixada de bacallà**<br>*l'œskœchadœ dœ bœkœl'ya* | petits morceaux de morue froide avec olives, tomates et oignons bien assaisonnés (**esqueixar** veut dire *déchirer, effilocher*). |
| **les sopes**<br>*lœssópœss* | la typique **escudella** et **carn d'olla**, sorte de *pot au feu*, avec bien des |

variantes : l'**escudella del Pallars**, l'**escudella de pagès** avec des boulettes de viande, l'**ollada** de Catalogne nord, sans oublier la **sopa de farigola**, *soupe de thym*, et surtout les **sopes de peix**, *soupe de poissons*.

**les verdures**
*lœss bœrdourœss* — légumes frais d'excellente qualité sur tout le territoire. Parmi les plus célèbres les **faves a la catalana**, *fèves*, **els espàrrecs** *asperges* de la plaine du **Llobregat**, et tous les produits maraîchers.

**la calçotada**
*la kœllsoutadœ* — jeunes oignons tendres cuits à la braise que l'on trempe dans une sauce spéciale préparée à base de noisettes, d'amandes, d'aulx grillés, typique de la région de **Tarragona**.

**les escalivades**
*lœz œskœlibadœss* — légumes grillés, poivrons, aubergines, etc., avec parfois une farce de viande hâchée.

**els llegums**
*œllz l'yœgoummss* — légumes secs. Mentionnons ici l'un des plats les plus typiques de Catalogne, **les mongetes amb botifarra**, *haricots secs avec saucisse*, qui rappelle celle de Toulouse.

**els arrossos**
*œllz œrròssouss* — les riz, qui se préparent de différentes manières : **l'arròs a la cassola**, **l'arròs de peix**, **els arrossos negres** avec de l'encre de calmar, etc.

**la samfaina**
*la sœmmfaïnœ* — sorte de ratatouille catalane faite de petits morceaux de poivrons, tomates, aubergines, oignons et courgettes.

**les pastes**
*lœss passtœss* — toutes les pâtes italiennes ont été adoptées par la cuisine catalane :

| | |
|---|---|
| | **macarrons**, **espaguetis**, **raviolis**, **canelons**, etc. |
| **els peixos**<br>*œllz péchouss* | les poissons aussi frais que variés : **llobaro**, *bar, loup* ; **molls**, *rougets* ; **lenguado**, *sole* ; **rap**, *baudroie* ; **lluç de palangre**, *merlu de ligne* ; **daurada**, *dorade* ; **sardina**, *sardine* ; **llagostes**, *langoustes* ; **escamarlans**, *langoustines* ; **llagostins**, *crevettes* ; **calamars**, *calmars* ; **sèpia**, *seiche* ; **mariscos de roca o de platja**, *coquillages de roche ou de sable*. |
| **la sarsuela**<br>*la sœrssouélœ* | préparation faite avec plusieurs sortes de poissons, en sauce. |
| **les graellades**<br>*lœss grœél'yadœss* | assortiment de poissons grillés |
| **els suquets**<br>*œllssoukèttss* | plat à base de divers poissons, crustacés et mollusques préparés avec une sauce faite d'huile, ail, farine, tomates et persil, et à laquelle on ajoute de l'eau, du sel, du poivre… |
| **les salces**<br>*lœssallssœss* | les sauces, aussi nombreuses que variées : le **romesco** pour accompagner les poissons, la **picada d'ametlles i avellanes** faite avec des *amandes et noisettes pilées*, etc. |

## Au bar

Le bar n'est pas seulement un lieu où l'on peut se désaltérer lorqu'on a soif. C'est aussi le lieu presque magique où l'on peut rencontrer des Catalans et des Catalanes, parler, comprendre un peu mieux la mentalité des habitants de ces régions méditerranéennes. Car, généralement, ce n'est pas une simple boisson que l'on commande : c'est ce que l'on pourrait presque qualifier de tradition, **les tapes**, *petites portions d'amuse-gueules* : olives, anchois, etc., qui complètent agréablement la présence dans ces lieux.

| **Una tapa de...** | *ounœ tapœ dœ* | Une portion de... |
| --- | --- | --- |
| **anxoves** | *œnnchòbœss* | anchois |
| **calamars** | *kœlœmarss* | calmars |
| **xampinyons** | *chœmmpignónnss* | champignons de Paris |
| **cargols** | *kœrgóllss* | escargots |
| **musclos** | *mousskIouss* | moules |
| **olives** | *oulibœss* | olives |
| **sèpia** | *sèpiœ* | seiche |

Vous pouvez vous installer autour d'une table ou aller directement au *comptoir*, **el taulell** ou **la barra**, et commander vos **tapes**. Si vous ne connaissez pas le nom de ce que vous souhaitez, vous pouvez toujours passer commande en montrant avec le doigt : **una tapa d'això**, ou vous pourrez demander :

**Com es diu això en català ?**
*kòmm œss diou œchò œnn kœtœla*
Comment cela s'appelle ?

## Au restaurant

Dans tous les restaurants, vous aurez le choix entre **la carta**, *la carte*, et **el menú**, *le menu*, toujours – ou presque – affiché à l'extérieur. Mais attention, une fois installé, on oubliera parfois de vous le présenter. Vous devez alors le demander : **Si us plau, que no té menú ?** *S'il vous plait, vous n'avez pas de menu ?*

Contrairement à d'autres pays, la TVA n'est souvent pas incluse dans le prix affiché : il faut donc rajouter l'**IVA**, **impost sobre valor afegit**, **el 7%**.

Généralement, le repas se compose d'un **primer plat**, *entrée*, d'un **segon plat**, *plat principal*, et pour finir **les postres**, *le déssert*.

**Necessitem una taula per a… persones.**
*nœssœssitèmm ounœ taoullœ pœr a… pœrssónœss*
nous-avons-besoin une table pour… personnes
Vous voudrions une table pour… personnes.

**Ja podem dinar / sopar ?**
*ja poudèmm dina / soupa*
déjà nous-pouvons déjeuner / diner
Pouvons-nous déjeuner / dîner maintenant ?

**Podria veure el menú, si us plau ?**
*poudriœ bèourœ œll mœnou, si ouss plaou*
Pourrais-je voir le menu, s'il vous plaît ?

**Què voldrien beure, vostès ?**
*kè voulldriœnn bèourœ bousstèss*
que ils-voudraient boire, vous
Que désirez-vous prendre comme boisson ?

**Què ens recomana ?**
*kè œnnss rœkoumanœ*
Que nous conseillez-vous ?

**Ens podria portar la carta, si us plau ?**
*œnnss poudriœ pourtala kartœ, si ouss plaou*
nous il-pourrait porter la carte, si vous plaît
Pourriez-vous nous apporter la carte, s'il vous plaît ?

**De primer plat prendrem…**
*dœ primé platt pœnndrèmm*
de premier plat nous-prendrons
Pour commencer nous prendrons…

**De segon voldria...**
*de sœgónn boulldriœ*
de second je-voudrais
Ensuite, je désirerais...

**Porti'ns...**
*pòrtinnss*
Apportez-nous...

**Porti'm...**
*pòrtimm*
Apportez-moi...

**Em falta...**
*œmm falltœ*
me manque
Il me manque...

| | | |
|---|---|---|
| **el plat fondo** | *œll platt fónndou* | l'assiette creuse |
| **el plat pla** | *œll platt pla* | l'assiette plate |
| **el ganivet** | *œll ganibètt* | le couteau |
| **la cullera** | *la koul'yérœ* | la cuillère |
| **la forquilla** | *la fourkil'yœ* | la fourchette |
| **l'oli** | *l'òli* | l'huile |
| **les setrilleres** | *less sœtril'yérœss* | l'huilier |
| **els coberts** | *œllss koubèrttss* | les couverts |
| **les tovalles** | *lœss toubal'yœss* | la nappe |
| **el pa** | *œll pa* | le pain |
| **el pebre** | *œll pèbrœ* | le poivre |
| **la sal** | *la sall* | le sel |
| **el tovalló** | *œll toubœyó* | la serviette |
| **el got** | *œll gòtt* | le verre |
| **la copa** | *la kópœ* | le verre à pied |
| **el vinagre** | *œll binagrœ* | le vinaigre |

**Em pot passar la sal, sis plau ?**
*œmm pòtt pœssa la sall, siss plaou*
me il-peut passer le sel, si-vous plaît
Pouvez-vous me passer le sel, s'il vous plaît ?

**Em podria passar l'amanida, si us plau ?**
*œmm poudriœ pœssa l'œmœnidœ, si ouss plaou*
me il-pourrait passer la salade-composée, si vous plaît
Pourriez-vous me passer la salade composée, s'il vous plaît ?

## L'addition

**Voldríem pagar.**
*boulldríœmm pœga*
nous-voudrions payer
Nous desirerions régler.

**El compte, si us plau.**
*œll kónntœ, si ouss plaou*
le compte, si vous plaît
L'addition, s'il vous plaît.

**Quant fa ?**
*kouann fa*
Combien ça fait ?

Si vous avez été content du service, vous pouvez laisser, après avoir réglé la note, **la propina** *la proupinœ*, un *pourboire*, même si vous payez par *carte*, **la targeta** *la tœrjétœ*.

## En cas de réclamation

**Això no és el que havia demanat.**
*œchò no éss œll kœbiœ dœmœnatt*
cela ne est le que j'avais demandé
Ce n'est pas ce que j'avais demandé.

**M'ho pot canviar ?**
*m'ou pòtt kœmmbia*
me le il-peut changer
Pouvez-vous me le changer ?

**És massa salat / fat / agre / dolç.**
*éz massœ sœlatt / fatt / agrœ / dóllss*
C'est trop salé / fade / aigre / doux.

## Au café

| | | |
|---|---|---|
| **una tassa de…** | *ounœ tassœ dœ* | une tasse de… |
| **un got de…** | *ounn gòtt dœ* | un verre de… |
| **una ampolla de…** | *ounœ œmpól'yœ dœ* | une bouteille de… |
| **una ració de…** | *ounœ rœssió dœ* | une portion de… |
| **una aigua** | *ounœ aïgouœ* | une eau |

| | | |
|---|---|---|
| **una orxata** | *ounœ ourchatœ* | un jus d'orgeat |
| **un cafè** | *ounn kœfè* | un café |
| **un tallat** | *ounn tœl'yatt* | un express avec un peu de lait |
| **un cafè amb llet** | *ounn kœfè œmm l'yétt* | un café au lait |
| **una xocolata desfeta** | *ounœ choukoulatœ dœssfètœ* | un chocolat chaud (cuit) |
| **un gelat** | *ounn jœlatt* | une glace |
| **un granissat** | *ounn grœnissatt* | un granité |
| **una infusió** | *oun' infouzió* | une infusion |
| **un te** | *ounn tè* | un thé |
| **un cigaló** | *ounn sigœló* | un cognac ou un rhum ou un café arrosé |
| **anar de tapes** | *œnadœ tapœss* | faire la tournée des bars |
| **anar a fer el cigaló** | *œnar a fé œll sigœlló* | aller prendre un cognac ou autre eau-de-vie |

# VOYAGER...

## ... en ville

**Com s'hi va a... ?**
*kòmm si ba a*
comment s'y va a
Comment va-t-on à... ?

Ci-après vous trouverez les noms les plus fréquents qu'il faut connaître pour pouvoir demander les renseignements utiles pour circuler en ville.

| | | |
|---|---|---|
| **l'ambaixada** | *l'œmmbœchadœ* | l'ambassade |
| **la parada d'autobús** | *la pœradœ d'aoutoubouss* | l'arrêt d'autobus |

| | | |
|---|---|---|
| **el centre** | *œll sénntrœ* | le centre |
| **el cine, el cinema** | *œll sinœ, œll sinèmœ* | le cinéma |
| **el consolat** | *œll kounnsoullatt* | le consulat |
| **l'estació central** | *l'œsstœssió sœnntrall* | la gare centrale |
| **l'hipermercat** | *l'ipœrmœrkatt* | l'hypermarché |
| **l'ajuntament** | *l'œjounntœménn* | la mairie, l'hôtel de ville |
| **el mercat** | *ell mœrkatt* | le marché |
| **l'oficina de turisme** | *l'oufissinœ dœ tourizmœ* | l'office de tourisme |
| **la platja, les platges** | *la pladjœ, lœss pladjœss* | la plage, les plages |
| **el port** | *œll pòrtt* | le port |
| **el barri** | *œll barri* | le quartier |
| **l'estació de metro** | *l'œsstœssió dœ mètrou* | la station de métro |
| **el supermercat** | *œll soupœrmœrkatt* | le supermarché |
| **la universitat** | *la ounibœssitatt* | l'université |
| **el barri antic** | *œll barri œnntik* | la vieille ville |

**Perdoni, que hi ha un caixer automàtic per aquí ?**
*pœrdóni, kœ i a ounn kœché aoutoumatik pœrki*
pardonne, que y il-a un distributeur automatique par ici
S'il vous plaît, y a-t-il un distributeur automatique de billets par ici ?

**Disculpi, per a anar a l'estació ?**
*disskoullpi pœrœna l'œsstœssió*
pardonne, pour à aller à la-gare
S'il vous plaît, pour aller à la gare ?

**On és l'oficina de correus més propera ?**
*ónn éss l'oufissinœ dœ kourrèouss méss proupérœ*
où est le bureau de courriers plus proche
Où est le bureau de poste le plus proche ?

| primer | llavors | després | finalment |
|---|---|---|---|
| *primé* | *l'yœbórss* | *dœsspréss* | *finœllménn* |
| d'abord | alors | après, ensuite | finalement |

| | | |
|---|---|---|
| **Vagi... !** | *baji* | Allez... ! |
| **Vés... !** | *béss* | Va... ! |
| **Agafi... !** | *œgafi* | Prenez... ! |
| **Agafa... !** | *œgafœ* | Prends... ! |
| **Segueixi... !** | *sœgéchi* | Suivez... ! |
| **Segueix... !** | *sœguéch* | Suis... ! |
| **Giri... !** | *jiri* | Tournez... ! |
| **Gira... !** | *jirœ* | Tourne... ! |
| **Travessi... !** | *trœbéssi* | Traversez... ! |
| **Travessa... !** | *trœbéss* | Traverse... ! |
| **la cantonada** | *la kanntounadœ* | le coin de la rue |
| **la plaça** | *la plassœ* | la place |
| **l'avinguda** | *l'œbinngoudœ* | l'avenue |
| **el carrer** | *œll kœrré* | la rue |
| **el carreró** | *œll kœrrœró* | la ruelle |
| **la ronda** | *la rrónndœ* | le boulevard |
| **recte** | *rrèkte* | tout droit |
| **cap a** | *kapp œ* | vers |
| **al final** | *œll finall* | au bout |
| **la dreta** | *la drètœ* | la droite |
| **al fons** | *œll fónnss* | au fond |
| **l'esquerra** | *l'œsskèrrœ* | la gauche |
| **a prop** | *œpròpp* | près |
| **lluny** | *l'yougn'* | loin |
| **enfront de** | *œnnfrónn dœ* | en face de |
| **al costat de** | *œll kousstatt dœ* | à côté de |

## ... avec les transports publics

**On s'agafa l'autobús per anar a... ?**
*ónn s'œgafœ l'aoutoubouss pœr œna a*
où se prend l'autobus pour aller à
Où prend-on l'autobus pour aller à... ?

**Quan surt el pròxim tren cap a... ?**
*kouann sourtt œll pròksimm trènn kap œ*
quand sort le prochain train vers à
Quand part le prochain train pour... ?

**On es compren els bitllets ?**
*ónn œss kómmprœnn œllz bill-l'yèttss*
où se achètent les billets
Où achète-t-on les billets ?

**Al despatx de bitllets o a l'expenedor.**
*œll dœsspatch dœ bill-l'yèttss o a l'œsspœnœdó*
au guichet de billets ou à le distributeur-automatique
Au guichet ou au distributeur automatique.

**Voldria anar a Sitges demà al matí.**
*boulldriœna a sidjœss dœmall mœtí*
je-voudrais aller à Sitges demain au matin
Je voudrais aller à Sitges demain matin.

**Puc utilitzar el sistema tarifari integrat ?**
*pouk outil'lidza œll sistémœ tœrifari inntœgratt*
je-peux utiliser le système tarifaire intégré
Puis-je utiliser le forfait ?

**Quins trens podem agafar ?**
*kinnss trènns poudèmm œgœfa*
quels trains pouvons-nous prendre
Quels trains pouvons-nous prendre ?

**Que para a Sitges aquest tren ?**
*kœ parœ a sidjœss œkètt trènn*
que il-arrête à Sitges ce train
Est-ce que ce train s'arrête à Sitges ?

**Un T-Dia per a tres zones.**
*ounn té-diœ pœr œ trèss zònœss*
un T-jour pour à trois zones
Un ticket-journée pour trois zones.

**Dos bitllets a Tarragona, segona, anar i tornar.**
*dóss bill-l'yèttss œ tœrrœgónœ, sœgónœ, œna i tourna*
deux billets pour Tarragone, seconde, aller et revenir
Deux billets pour Tarragone, seconde classe, aller et retour.

**S'ha de pagar un suplement ?**
*sa dœ pœga ounn souplœménn*
se-a de payer un supplément
Doit-on payer un supplément ?

**On hauré de fer el transbord ?**
*ónn aouré dœ fé œll trœnnssbórtt*
où j'aurai de faire le transbordement
Où devrai-je changer ?

Depuis le début de l'année 2001, l'Autorité du Transport Métropolitain de Barcelone a créé un système tarifaire intégré, sorte de forfait qui regroupe tous les transports de la région. Il existe plusieurs possibilités :

- **T-10** : 10 déplacements intégrés dans tous les modes de transport, selon les zones, de 1 à 6.
- **T-50 / 30** : 50 déplacements selon les zones à traverser, valable 30 jours consécutifs.
- **T-Mes** : déplacements illimités dans tous les modes de transport, selon les zones, valable un mois.
- **T-Dia** : déplacements illimités dans tous les modes de transport, selon les zones, valable 1 jour. Pour plus de renseignements : tel. 010 ou 012 ou www.atm-transmet.es

| | | |
|---|---|---|
| **l'aeroport** | *l'œèroupórtt* | l'aéroport |
| **només anar** | *noumézœna* | aller simple |
| **l'arribada** | *l'œrribadœ* | l'arrivée |
| **la parada** | *la pœradœ* | l'arrêt, la halte |
| **l'autocar** | *l'aoutoukar* | l'autocar, l'autobus |

| | | |
|---|---|---|
| **l'avió** | *l'œbió* | l'avion |
| **l'equipatge** | *l'œkipadjœ* | les bagages |
| **el seient de la finestra** | *œll sœyénn dœ la finésstrœ* | le coin fenêtre |
| **complet** | *koumplètt* | complet |
| **la consigna** | *la kounnssig'nœ* | la consigne |
| **la sortida** | *la sourtidœ* | le départ |
| **el semidirecte, el tren exprés** | *œll sœmidirèktœ, œll trènn œkspréss* | l'express |
| **l'estació d'autocars** | *l'œsstœssió d'aoutoukarss* | la gare routière |
| **el vaixell** | *œll bœchél'y'* | le navire, le bateau |
| **el tauler amb les les arribades** | *œll taoulé œmm lœz œrribadœss* | le panneau des arrivées |
| **el tauler amb les sortides** | *œll taoulé œmm lœss sourtidœss* | le panneau des départs |
| **el port** | *œll pòrtt* | le port |
| **la motxilla** | *la moutchil'yœ* | le sac à dos |
| **la sala d'espera** | *la sallœ d'œsspérœ* | la salle d'attente |
| **el suplement** | *œll souplœménn* | le supplément |
| **el Talgo** | *œll tallgou* | le Talgo (train rapide longues distances) |
| **el TGV, l'AVE** | *œll té jé bé, l'abé* | le TGV, l'AVE (**tren de gran velocitat**, **alta velocitat espanyola**) |
| **la maleta** | *la mœlètœ* | la valise |
| **el vagó llit** | *œll bœgó l'yitt* | le wagon-lit |

## ... en taxi

Les taxis, même si la course n'est pas donnée, reviennent moins cher qu'en France. Pour repérer un taxi libre, il convient de regarder si la lumière qui se trouve sur le toit est verte. De plus, on remarque un panneau **lliure**, *libre*. Si tel est le cas, vous pouvez le héler.

**On anem ?**
*ónn œnèmm*
où allons-nous
Où allez-vous ?

**A l'aeroport.**
*a l'œèroupórtt*
à l'aéroport
À l'aéroport.

**Al centre.**
*œll sénntrœ*
au centre
Au centre-ville.

**Quant em va a costar ?**
*kouann œmm ba œ koussta*
combien me va à coûter
Ça va me coûter combien ?

**Pot deixar-me aquí. / Em pot deixar aquí.**
*pòtt dœchar-mœ kí / œmm pòtt dœchakí*
il-peut laisser-me ici / me il-peut laisser ici
Vous pouvez me laisser ici.

**Esperi'm un parell de minuts si li plau.**
*œsspéri'mm ounn pœrél'y' dœ minouttss si li plaou*
attendez-moi une paire de minutes si lui plaît
Attendez-moi quelques minutes, s'il vous plaît.

Comme dans la plupart des pays, vous pouvez demander un reçu au chauffeur, avec le numéro de la voiture, le parcours et le montant de la course. En cas de contestation, cela vous permettra d'obtenir réparation.

**Doni'm un rebut, si li plau.**
*dónni'mm ounn rœboutt, si li plaou*
Donnez-moi un reçu, s'il vous plaît.

## … dans votre voiture

### • Divers panneaux de signalisation

| | | |
|---|---|---|
| **autopista** | *aoutoupisstœ* | autoroute |
| **cediu el pas** | *sœdiou œll pass* | cédez le passage |

| | | |
|---|---|---|
| **perill de relliscada** | *pœril'y' dœ rrœl'yisskadœ* | chaussée glissante |
| **camí privat** | *kœmí pribatt* | chemin privé |
| **perill de mort** | *pœril'y' dœ mórtt* | danger de mort |
| **prohibit aparcar** | *prouhibitt œpœrka* | défense de stationner |
| **prohibida l'entrada** | *prouhibidœ l'œnntradœ* | défense d'entrer |
| **desviació** | *dœssbiœssió* | déviation |
| **entrada** | *œnntradœ* | entrée |
| **frontera** | *frounntérœ* | frontière |
| **pas de vianants** | *pass dœ biœnannss* | passage piétons |
| **peatge** | *pœaddjœ* | péage |
| **direcció única** | *dirèkssió ounikœ* | sens unique |
| **sortida** | *sourtidœ* | sortie (à Valence : **eixida** *œchidœ*) |
| **gual permanent** | *gouall pœrmœnénn* | sortie de véhicules |
| **obres** | *òbrœss* | travaux |

**On és la gasolinera / l'estació de servei més propera ?**
*ónn éss la gœzoulinérœ / l'œsstœssió dœ sœrbèï méss proupérœ*
où est la pompe-à-essence / la station de service plus proche
Où est la station-service la plus proche ?

**Vint litres de súper, si us plau.**
*binn litrœss dœ soupœr, si ouss plaou*
Vingt litres de super, s'il vous plaît.

**Ple, si us plau.**
*plè, si ouss plaou*
plein, si vous plaît
Le plein, s'il vous plaît.

| | | |
|---|---|---|
| **gas-oil** | *gœzóïll* | gasoil |
| **súper** | *soupœr* | super |

**Si us plau, cridi la policia !**
*si ouss plaou kridi la poulissiœ*
S'il vous plaît, appelez la police !

**He tingut un accident.**
*é tinngoutt ounn œkssidénn*
J'ai eu un accident.

**Avisi una ambulància / un metge !**
*œbizi ounœmmboulannssiœ / ounn méddjœ*
prévienne une ambulance / un médecin
Appelez une ambulance / un médecin !

HE TINGUT UN ACCIDENT.
*(J'ai eu un accident.)*

• En cas d'accident, de sinistre

**Em podria ajudar ?**
*œmm poudriœ œjouda*
me il-pourrait aider
Pourriez-vous m'aider ?

**Hem tingut una pana.**
*èmm tinngoutt ounœ panœ*
nous-avons eu une panne
Nous avons eu une panne.

**Em sembla que… no funciona bé.**
*œmm sèmmblœ kœ… no founssiónœ bé*
me semble que… ne fonctionne bien
Il me semble que… ne marche pas bien.

| | | |
|---|---|---|
| **l'encesa** | *l'œnnssèzœ* | l'allumage |
| **l'amortidor** | *l'œmourtidó* | l'amortisseur |
| **la bateria** | *la bœtœriœ* | la batterie |
| **les bugies** | *lœss boujiœss* | les bougies |
| **el carburador** | *œll kœrbourœdó* | le carburateur |
| **l'intermitent davanter** | *l'inntœrmiténn dœbœnnté* | le clignotant avant |
| **el pany de contacte** | *œll pagn' dœ kountaktœ* | le contact |
| **la corretja del l'engegada** | *la kourrèddjœ dœll l'œnnjœgadœ* | la courroie du le démarreur |
| **la direcció d'escapament** | *la dirœkssió d'œsskœpœménn* | la direction d'échappement |
| **l'embragatge** | *l'œmmbrœgaddjœ* | l'embrayage |
| **els frens** | *œllss frènnss* | les freins |
| **la injecció** | *la innjœkssió* | l'injection |
| **el pneumàtic** | *œll pnéoumatik* | le pneumatique |
| **el silenciador** | *œll silœnnssiœdó* | le silencieux |
| **la vàlvula** | *la ballboullœ* | la soupape |
| **el tub ventilador** | *œll toupp bœnntilœdó* | le tube ventilateur |

**Que hi ha un taller d'automòbils, per aquí ?**
*kœ i a ounn tœl'yé d'aoutoumóbillss pœrki*
que y il-a un atelier d'automobiles, par ici
Y a-t-il un garage par ici ?

**Quant em costarà ?**
*kouann œmm kousstœra*
combien me coûtera
Combien ça va me coûter ?

**Podria remolcar-me ?**
*poudriœ rrœmoullkar-mœ*
il-pourrait remorquer-me
Pourriez-vous me remorquer ?

## L'HÉBERGEMENT

| | |
|---|---|
| **Té... ?** | **Necessito... / Necessitem...** |
| *té* | *nœssœssitou / nœssœssitèmm* |
| Avez-vous... ? | J'ai besoin de... / Nous avons besoin de... |

| | | |
|---|---|---|
| **una habitació** | *ounœ hœbitœssió* | une chambre |
| **una habitació doble** | *ounœ hœbitœssió dóbbllœ* | une chambre double |
| **dues habitacions** | *douœz hœbitœssiónnss* | deux chambres |
| **amb bany** | *œmm bagn'* | avec bain |
| **amb dutxa** | *œmm doutchœ* | avec douche |
| **amb dos llits** | *œmm dóss l'yittss* | avec deux lits |
| **només per una nit** | *nouméss pœr ounœ nitt* | seulement pour une nuit |
| **per uns dies** | *pœr ounnz diœss* | pour quelques jours |
| **per una setmana** | *pœr ounœ sœm'manœ* | pour une semaine |

**Em quedaré tres dies.**
*œmm kœdœré trèss diœss*
me je-resterai trois jours
Je resterai trois jours.

**Encara no sé fins quan em quedaré.**
*œnnkarœ no sé finnz kouann œmm kœdœré*
encore non je-sais jusqu'à quand me je-resterai
Je ne sais pas encore jusqu'à quand je vais rester.

**Podria veure l'habitació ?**
*poudriœ bèourœ l'hœbitœssió*
Pourrais-je voir la chambre ?

**Molt bé, em convé.**
*móll bé, œmm kounnbé*
très bien, me convient
Très bien, elle me convient.

**Aquesta no m'agrada.**
*œkèsstœ nó m'œgradœ*
celle-ci ne me-plaît
Celle-ci ne me plaît pas.

## LES TOILETTES

**On són els lavabos / serveis, si us plau ?**
*ónn sónn œllss llœbabouss / sœrbéïss, si ouss plaou*
où sont les lavabos / services, si vous plaît
Où sont les lavabos / toilettes, s'il vous plaît ?

**Em podria donar paper de wàter, si us plau ?**
*œmm poudriœ douna pœpé dœ batœr, si ouss plaou*
me il-pourrait donner papier de water, si vous plaît
Pourriez-vous me donner du papier toilette, s'il vous plaît ?

**Falten sabó i tovalloles.**
*falltœnn sœbó i toubœl'yóllœss*
ils-manquent savon et serviettes-de-toilette
Il manque du savon et des serviettes de toilette.

| | | |
|---|---|---|
| **Homes** | *hòmœss* | Messieurs |
| **Dones** | *dònœss* | Dames |
| **ocupat** | *oukoupatt* | occupé |
| **lliure** | *l'yiourœ* | libre |

## PRENDRE DES PHOTOS

**Em podria fer el retrat, si us plau ?**
*œmm poudriœ fé œll rœtrat, si ouss plaou*
me il-pourrait faire le portrait, si vous plaît
Pourriez-vous me prendre en photo, s'il vous plaît ?

**No li fa res si li faig una foto ?**
*no li fa rèss si li fatch ounœ fótou*
non à-lui fait rien si à-lui je-fais une photo
Ça ne vous fait rien si je vous prends en photo ?

| | | |
|---|---|---|
| **el rodet** | *œll roudètt* | une pellicule photo |
| **en color** | *œnn koulló* | couleur |
| **en blanc i negre** | *œnn blannk i nègrœ* | noir et blanc |
| **la càmera rèflex** | *la kamœrœ rèflœks* | l'appareil réflex |
| **la càmera, la cambra fotogràfica** | *la kamœrœ, la kambrœ fótougrafikœ* | l'appareil photo |
| **el flaix** | *œll flach* | le flash |
| **la càmera de vídeo** | *la kamœrœ dœ vidœo* | la caméra-vidéo |
| **la videocasset** | *la bidœokœssètt* | la cassette-vidéo |
| **revelar** | *rœbœlla* | développer, tirer |
| **fer una còpia de cada negatiu** | *fé ounœ kòpiœ dœ kadœ nœgœtiou* | tirer un exemplaire de chaque négatif |

## ÊTRE MALADE

**On hi ha una farmàcia / un metge / un hospital ?**
*ónn i a ounœ fœrmassiœ / ounn médjœ / ounn housspitall*
où y il-a une pharmacie / un médecin / un hôpital
Où y a-t-il une pharmacie / un médecin / un hôpital ?

**Que parla francès / anglès / italià / castellà, vostè ?**
*kœ parlœ frœnnssèss / œnnglèss / itœlia / kœsstœl'ya, bousstè*
que il-parle français / anglais / italien / castillan, vous
Parlez-vous français / anglais / italien / espagnol ?

**Em fa mal...**
*œmm fa mall*
me fait mal
J'ai mal à...

**Em fan mal...**
*œmm fann mall*
me font mal
J'ai mal à...

| | | |
|---|---|---|
| **l'abdomen** | *l'œbdòmœnn* | l'abdomen |
| **el braç** | *œll brass* | le bras |
| **el turmell** | *œll tourmél'y'* | la cheville |
| **el cor** | *œll kòr* | le cœur |
| **la dent** | *la dénn* | la dent |

| | | |
|---|---|---|
| **el queixal** | *œll kœchall* | les dents (la molaire) |
| **l'esquena** | *l'œsskènœ* | le dos |
| **l'estómac** | *l'œsstómœk* | l'estomac |
| **el genoll** | *œll jœnól'y'* | le genou |
| **la cama** | *la kamœ* | la jambe |
| **la mà** | *la ma* | la main |
| **el nas** | *œll nass* | le nez |
| **l'orella** | *l'ourél'yœ* | l'oreille |
| **el peu** | *œll pèou* | le pied |
| **el cap** | *œll kapp* | la tête |
| **l'ull** | *l'oul'y'* | l'œil |

**M'ha picat...**
*ma pikatt*
Je me suis fait piquer par...

**M'ha mossegat...**
*ma moussœgatt*
Je me suis fait mordre par...

| | | |
|---|---|---|
| **una abella** | *ounœ œbél'yœ* | une abeille |
| **un gat** | *ounn gatt* | un chat |
| **un gos** | *ounn góss* | un chien |
| **una vespa** | *ounœ bésspœ* | une guèpe |
| **un llangardaix verd** | *ounn l'yœnngœrdach bèrtt* | un lézard vert |
| **un mosquit** | *ounn mousskitt* | un moustique |
| **un escorpí** | *ounn œsskourpi* | un scorpion |
| **una serp** | *ounœ sérpp* | un serpent |

**Tinc nàusees, tinc basques.**
*tinnk naouzèœss, tinnk basskœss*
J'ai des nausées.

**Tinc diarrea.**
*tinnk diœrrèœ*
J'ai la diarrhée.

**Tinc vòmits.**
*tinnk bòmittss*
J'ai des vomissements.

**M'he tallat.**
*mé tœl'yatt*
Je me suis coupé/e.

**He trepitjat un eriçó de mar, una garota.**
*é trœpidjatt ounn œrissó de mar, ounœ gœròtœ*
J'ai marché sur un oursin.

**He caigut.**
*é kœïgoutt*
Je suis tombé/e.

**He relliscat.**
*é rœl'yisskatt*
J'ai glissé.

**M'han pegat.**
*mann pœgatt*
On m'a frappé/e.

**M'han atracat.**
*mann œtrœkatt*
On m'a agressé/e.

**Necessito un rebut / diagnòstic per a l'assegurança.**
*nœssœssitou ounn rœboutt / diœg'nòsstik pœrœ lœssœgourannssœ*
J'ai besoin d'un reçu / un diagnostic pour l'assurance.

**Ha tingut una basca i encara no l'han retornat.**
*a tinngoutt ounœ basskœ i œnnkarœ no lann rœtournatt*
Il a eu un évanouissement et on ne l'a pas encore fait reprendre connaissance.

**El meu nét s'ha revinclat el peu jugant a la platja.**
*œll méou nétt s'a rœbinnklatt œll pèou jougann a la pladdjœ*
Mon petit-fils s'est fait une entorse au pied en jouant sur la plage.

## RIEN COMPRIS ? ESSAYEZ ÇA !

**Hi ha algú que parli francès ?**
*i a œllgou kœ parli frœnnssèss*
y il-a quelqu'un qui parle français
Y a-t-il quelqu'un qui parle français ?

**Parla francès vostè ?**
*parlœ frœnnssèss bousstè*
il-parle français vous
Parlez-vous français ?

**No, ho sento.**
*nó, ou sénntou*
non, le je-regrette
Non, je regrette.

**Només una mica d'anglès.**
*nouméss ounœ mikœ d'œnnglèss*
seulement un petit-peu d'anglais
Seulement un peu l'anglais.

**Com diu ?**
*kòmm diou*
comment il-dit
Comment dites-vous ?

**M'entén ?**
*m'œnnténn*
me il-comprend
Vous me comprenez ?

**Entenc.**
*œnnténnk*
je-comprends
Je comprends.

**No ho he entès.**
*nó ou é œnntèss*
ne le j'ai compris
Je n'ai pas compris.

**Més a poc a poc, si us plau !**
*méz œ pók œ pók, si ouss plaou*
plus à peu à peu, si vous plaît
Plus lentement, s'il vous plaît !

**Ho pot repetir, si us plau !**
*ou pótt rœpœti, si ouss plaou*
le il-peut répéter, si vous plaît
Pouvez-vous répéter, s'il vous plaît !

**No sé castellà.**
*nó sé kœsstœl'ya*
ne je-sais castillan
Je ne connais pas l'espagnol.

**Què vol dir "ajuntament" ?**
*kè bòll di œjounntœménn*
que veut dire *"ajuntament"*
Que veut dire *"ajuntament"* ?

**Com es diu això en català ?**
*kòmm œz diou œchò œnn kœtœla*
comment se dit ceci en catalan
Comment ça se dit en catalan ?

**Em pot parlar en català, si us plau ?**
*œmm pòtt pœrla œnn kœtœla, si ouss plaou*
me peut parler en catalan, si vous plaît
Pouvez-vous me parler en catalan, s'il vous plaît ?

# LE CATALAN À VALENCE ET AUX BALÉARES

Le catalan est l'une des langues romanes les plus unitaires, c'est-à-dire que les différences entre la langue populaire du nord du territoire catalan et le sud du pays valencien sont infimes si on les compare avec les autres aires linguistiques. Pourtant, bien souvent encore à Valence, on trouvera des gens pensant que le valencien est une sorte de dialecte, différent du catalan. Parfois encore, on trouvera aux Baléares des personnes croyant parler le majorquin.
Utilisez le catalan que vous connaissez en l'appelant valencien ou majorquin et vous verrez que la conversation peut continuer sans problème.
On peut ainsi noter quelques particularités :
- Dans la région de Tarragone, aux Baléares et dans certaines régions de Valence, on fait la différence entre le **v** et le **b**, un peu comme en français.
- Aux Baléares et dans le dialecte du nord-est continental, le **ll** est prononcé comme un **i** dans les mots où le **ll** ne vient pas d'un **ll** latin : **palla** *pall'yœ* devient *payœ*.
- En valencien, le **x** initial est prononcé comme **tx** et donc **xic**, **xocant** se prononcent *tchik* / *tchokantt* et non *chik* / *choukann*.
- En valencien, tous les **r** finaux se prononcent : **cantar** se dit *kanntar* et non *kœnnta*.
- Par contre, aux Baléares il y a disparition du son **r** en fin de mot : ainsi **mar**, **or**, **amor** se prononceront *ma, ó, œmó*.

Notons aussi quelques différences dans le vocabulaire usuel :

| | Catalan | Nord catalan | Valencien | Baléar |
|---|---|---|---|---|
| s'il vous plaît | **si us plau** | **si us plau** | **per favor** | **per favor** |
| pardonnez-moi | **perdoni** | **perdoneu** | **perdone** | **perdoni** |
| catalan | **català** | **català** | **valencià** | **mallorquí** |

| | | | | |
|---|---|---|---|---|
| moi je chante | **jo canto** | **jo canti** | **jo cante** | **jo cant** |
| moi je parle | **jo parlo** | **jo parli** | **jo parle** | **jo xerr** |
| un jeune | **el noi** | **el nin** | **el xic** | **s'al·lot** |
| une fille | **la noia** | **la nina** | **la xica** | **s'al·lota** |
| le verre | **el got** | **el veire, el got** | **el got** | **es tassó** |
| le lait | **la llet** | **la llet** | **la llet** | **sa llet** |
| le maçon | **el paleta** | **el peirer** | **l'obrer** | **el picape-drer** |
| le balai | **l'escombra** | **l'escombra** | **la granera** | **la granera** |

Si ces différences sont faibles, il convient de remarquer toutefois la particularité de l'article baléar qui, sur le moment, peut surprendre :

| | Baléar | Catalan |
|---|---|---|
| le chemin | **es camí** | **el camí** |
| les amis | **ets amics** | **els amics** |
| la plage | **sa platja** | **la platja** |
| les femmes | **ses dones** | **les dones** |

## NOMS DE LIEU

Depuis de nombreuses années déjà, les noms des villes, villages et lieux-dits de Catalogne portent le seul nom catalan. À Valence, il reste parfois les deux noms, catalan et castillan. Dans la partie sous administration française, seuls les noms en français sont officiels, mais presque tous les panneaux à l'entrée des agglomérations sont bilingues. Nous aurons ainsi :

| | |
|---|---|
| **Alacant** | Alicante |
| **València** | Valencia |
| **Castelló** | Castellón |
| **Eivissa** | Ibiza |
| **Girona** | |

| | |
|---|---|
| **Lleida** | |
| **Roses** | |
| **L'Escala** | |
| **Figueres** | Figueras (seule graphie sur l'autoroute française) |
| **La Seu d'Urgell** | |
| **Perpinyà** | Perpignan |
| **El Voló** | Le Boulou |
| **Xàtiva** | Játiva |
| **Xixona** | Jijona |
| **Platja d'Aro** | |
| **Prada de Conflent** | Prades |
| **Els Banys** | Amélie-les-Bains, etc. |

## QUELQUES EXPRESSIONS ET MOTS GROSSIERS OU ARGOTIQUES, JURONS

Comme dans tous les pays méditerranéens, le Catalan emploie plus volontiers que le Français un vocabulaire et des expressions qui, traduites mot à mot, nous paraissent choquantes. Beaucoup sont d'origine sexuelle mais sont employées sans que forcément on y voit une allusion grossière. Toutefois à ne pas mettre dans toutes les bouches !
Nous vous signalons les plus "explosives" par le symbole 💣.

**agafar el gat**
prendre le chat
se saouler

**aguantar la paret / estar palplantat / fer l'estaquirot**
soutenir le mur / être planté comme un bâton / faire le mannequin de bois
faire le pied de grue

**Em cago en la mare que el va parir.** 💣
Je chie sur la mère qui lui a donné le jour.
(Pour indiquer un mépris insolent.)

AGAFAR EL GAT.
*(se saouler)*

**Em cago en Déu.** 💣
je chie sur Dieu
(Pour indiquer refus, dedain, contrariété.)

**cagar-se a les calces**
chier dans son froc
ne pas faire quelque chose par peur

**Carall ! / Colló o collons ! / Cony !**
bite / couille ou couilles / con
(Pour indiquer la surprise, la contrariété, l'ennui, etc.)

**Collonades ! Punyetes !**
couillonnades ! branlettes !
(Pour indiquer la contrariété, l'opposition, la surprise.)

**un carallot**
petit zizi
(Pour désigner quelqu'un de bête, de peu de mérite.)

**carca**
réac
réac

**anar amb el cavall de sant Francesc**
aller sur le cheval de saint François
aller à pied

**agafar la ceba de fer alguna cosa**
attraper l'oignon de faire quelque chose
attraper la manie, la marotte de faire quelque chose

**estar algú fet una coca**
être devenu une galette
être très fatigué ou malade

**cara o cap de cony**
face ou tête de con
imbécile, idiot

**tocar el dos**
jouer le deux
s'en aller, fiche le camp

**una costella**
une côte
une femme

**enrotllar-se**
s'enrouler
bavasser

**Fava !**
gland
(Pour indiquer l'admiration, la surprise, la contrariété.)

**Fava de Déu !** 💣
gland de Dieu

**jugar una mala passada**
jouer une mauvaise passe
faire une vacherie

**Lligar**
lier
draguer

**Mal llamp te fot !**
que la foudre mauvaise te foute
(Pour indiquer la surprise ou le mépris.)

**Llamp que te ferís, llamp que te cremés !**
que la foudre te blesse, que la foudre te brûle
*(idem)*

**Mecagonou !**
je chie en neuf
(Pour indiquer la contrariété, la surprise, l'admiration.)

**pencar**
se crever à la tâche
travailler, bosser, trimer

**portar merda a la sabata**
porter de la merde à la chaussure
ne pas avoir de chance

**fer la punyeta a algú**
faire la branlette à quelqu'un
emmerder quelqu'un

**més que la punyeta**
plus que la branlette
beaucoup

**un punyeter, una punyetera**
un branleur, une branleuse
un emmerdeur, une emmerdeuse

**en aquesta punyetera vida**
dans cette putain de vie

**De puta mare !**
de putain de mère
extraordinaire, fantastique

**una putada**
plaisanterie de mauvais goût, une rosserie

**molt puta**
très pute
Très mauvais : **Un temps molt puta**, *un temps de cochon.*

indique les expressions particulièrement grossières !

# BIBLIOGRAPHIE

## Grammaire

– FABRA (Pompeu), *Grammaire catalane*, Paris, Les Belles Lettres, 1964, 132 pages.

– LÓPEZ DEL CASTILLO (Lluís), *Gramàtica del català actual*, Barcelona, Edicions 62, 1999.

– VERDAGUER (Pere), *Cours de langue catalane*, Barcelona, Ed. Barcino, 1974, 258 pages.

– XURIGUERA (Joan Baptista), *Els verbs catalans conjugats*, Barcelona, Ed. Claret, 1987.

## Art

– MGR. JUNYENT (Eduard), *La Catalogne romane*, Éd. Zodiaque, 2 volumes.

– DURLIAT (Marcel), *Le Roussillon roman*, Éd. Zodiaque, 1 volume, La Pierre-qui-vire.

– LOYER (François), *L'art nouveau en Catalogne*, Genève, Evergreen,1997, 253 pages.

– LOYER (François), *L'art nouveau en Catalogne*, 1888-1929, Genève, 1991.

– *Barcelone, ville et architecture, 1980-1992*, Barcelona, Ed. Gustavo Gili, 1991.

## Histoire

– BOUILLE (Michel), COLOMER (Claude), *Histoire des Catalans*, Toulouse, 1990, Editions Milan, 407 pages.

– BRUNET (Michel), *Le Roussillon, une société contre l'état (1780-1820)*, Perpignan, Éditions El Trabucaire, 1990.

– DEFFONTAINES (Pierre), *La Méditerranée catalane*, Paris, Presses Universitaires de France, 1975, 126 pages, Que sais-je ? n°1609.

– MARCET i JUNCOSA (Alícia), *Abrégé d'histoire des terres catalanes du nord*, Perpinyà, Éditions El Trabucaire, 1991, 197 pages.
– MARTIN (Eric), *La Catalogne, préface de Jordi Pujol*, Paris. La Documentation française, 1990, 156 pages. Notes et études documentaires, 4925.
– MORERA (Jean-Claude), *Histoire de la Catalogne, au-delà et en deçà des Pyrénées*, Paris, L'Harmattan, 1992, 220 pages.
– SERRES-BRIA (Roland), *L'incivisme des Roussillonnais sous la Révolution*, Les Presses Littéraires, Sant-Estève, 1995, 591 pages.
– ZIMMERMANN (Michel et Marie-Claire), *Histoire de la Catalogne*, Paris, P.U.F. 1997, 127 pages. Que sais-je ? n° 3212
– *Histoire de la Catalogne*, sous la direction de Joaquim NADAL et de Philippe WOLFF, Toulouse, Éditions Privat, 1982, 559 pages.

## Dictionnaires

Il y a beaucoup de dictionnaires français-catalan et catalan-français sur le marché. Nous ne pouvons donc pas les mentionner tous. Citons cependant :

– CASTELLANOS (Carles) et CASTELLANOS (Rafael), *Diccionari català-francès i francès-català de la Gran enciclopèdia catalana*, Barcelona.
– *Gran enciclopèdia catalana : diccionari català-francès i francès-català*, Mini, Barcelona.
– *Diccionari català-francès i francès-català*, Barcelona, Éditions Arimany.
– *Diccionari català-francès / français-catalan*, Barcelona, Éditions Larousse.
– CAMPS (Cristià) et BOTET (Renat), *Diccionari català-francès*, Barcelona, Enciclopèdia catalana, 2001.

Et bien d'autres à consulter et à choisir selon le souhait de chacun.

## Littérature

– Broch (Àlex), Cònsul (Isidor), Llorca (Vicenç), *Tour d'horizon de la littérature catalane*, Barcelona, Institució de les Lletres Catalanes, 1998, 62 pages.
– *800 ans de littérature catalane, Exposition*, Barcelona, Institució de les Lletres Catalanes, 1992.
– *La littérature catalane à l'étranger depuis 1989 jusqu'à aujourd'hui*, Barcelona, Institució de les Lletres Catalanes, 1992, 65 pages.
– Plusieurs numéros de la revue littéraire *Europe*. Paris.

## Tourisme

– Office de tourisme à Paris : Consorci Turisme de Catalunya / Délégation en France – 3 rue de la Boétie – 3e étage – 75008 Paris.
Tél. : 33 (0)1 40 46 98 92 – Fax : 33 (0)1 44 07 14 97
media@tourismedecatalogne.fr
www.catalunyaturisme.com

– Turisme de Catalunya : Passeig de Gràcia 105, 3er. Barcelona.
Tél. : 93 484 98 99 – Fax : 93 484 98 88
site : www.gencat.es/turisme

– Turisme de Barcelona : c/ Tarragona, 149-157 – 08015 Barcelona.
Tél. : 93 423 18 00 – Fax : 93 423 26 49
site : www.barcelonaturisme.com

# Les méthodes Assimil

## Collection Sans Peine

Pour vous permettre d'apprendre les langues avec plaisir et aisance, Assimil applique dans ses méthodes un principe exclusif, très simple mais efficace,

## l'assimilation intuitive®

Ce principe reprend (en l'adaptant) le processus naturel grâce auquel chacun d'entre nous a appris sa langue maternelle.
Très progressivement, au moyen de dialogues vivants, de notes simples et d'exercices, Assimil vous mène du b.a.-ba à la conversation courante.
Durant la première partie de votre étude (appelée phase passive), vous vous laissez imprégner par la langue en lisant, écoutant et répétant chaque leçon.
Au bout de 50 leçons, vous entamez la phase active qui vous permet d'appliquer les structures et mécanismes assimilés, tout en continuant à progresser.

En peu de mois, quelle que soit la langue choisie, vous êtes capable de parler sans effort ni hésitation, de manière très naturelle.

Les lexiques que nous vous proposons ici ne sont pas exhaustifs, loin de là. Ils recensent un vocabulaire de base et notamment des mots utilisés dans les différentes rubriques. Si vous désirez un vocabulaire plus approfondi, l'usage du dictionnaire sera nécessaire.

• Remarques

Pour les noms communs, le genre est indiqué lorsqu'il est différent du français.
Pour les adjectifs, le féminin est indiqué lorqu'il prend une forme différente du masculin.
Les verbes irréguliers sont signalés d'un *.

**Abréviations utilisées :**

| | | | | | |
|---|---|---|---|---|---|
| *(m.)* | masculin | *(f.)* | féminin | *(sing.)* | singulier |
| *(pl.)* | pluriel | *(n.)* | nom | *(adj.)* | adjectif |
| *(adv.)* | adverbe | | | | |

## CATALAN-FRANÇAIS

### A

| | |
|---|---|
| **a** | à, dans |
| **a baix** | en bas |
| **abans** | avant |
| **abans-d'ahir** | avant hier |
| **abella** | abeille |
| **abric** | manteau |
| **acabar** | finir |
| **acabar de** | venir de |
| **a casa** | chez moi, toi etc. |
| **ací** | ici |
| **aconsellar** | conseiller |
| **adéu** | au revoir, adieu |
| **adonar-se de** | se rendre compte de |
| **aeroport** | aéroport |
| **afaitar-se** | se raser |
| **afanyar-se** | se dépêcher |
| **afegir** | ajouter |
| **agafar** | prendre |

| | |
|---|---|
| **agradar** | plaire, aimer |
| **agre/a** | aigre |
| **agulla** | aiguille |
| **ahir** | hier |
| **ai !** | aïe ! |
| **aigua** | eau |
| **aire** | air, vent |
| **aixecar** | lever |
| **aixecar-se** | se lever (d'un siège) |
| **així** | ainsi, comme ça |
| **això** | ceci |
| **ajudar** | aider |
| **ajuntament** | mairie |
| **ala** | aile |
| **al (a + el)** | au |
| **als (a + els)** | aux |
| **a la fi** | enfin |
| **al camp** | à la campagne |
| **alcalde** | maire |
| **al costat de** | à côté de |
| **alegre** | joyeux,-euse |
| **alegria** | joie |
| **alemany** | alemand |
| **aleshores** | alors |
| **algú** | quelqu'un |
| **algun/a** | un/e, quelque |
| **alhora** | en même temps |
| **allà** | là-bas |
| **allí** | là |
| **allò** | cela |
| **almíbar (en ~)** | sirop (au ~) |
| **alt** | grand, haut |
| **altre/a** | autre |
| **amable** | aimable |
| **amagar** | cacher |
| **amanida** | salade composée |
| **amb** | avec |
| **ambaixada** | ambassade |
| **ambulància** | ambulance |
| **a més a més** | en plus, en outre |
| **amic, amiga** | ami, amie |
| **amo** | patron, propriétaire |
| **amortidor** | amortisseur |
| **ample/a** | large |
| **ampolla** | bouteille |
| **amunt** | en haut, en amont |
| **anada** | aller *(n.)* |
| **anar*** | aller *(verbe)* |
| **anar-se'n*** | s'en aller |
| **ànim !** | courage ! |
| **ànima** | âme |
| **animal** | animal |
| **anit** | ce soir, hier soir |
| **aniversari** | anniversaire |
| **ànsia** | anxiété, désir ardent |
| **ànsia (passar ~)** | s'inquiéter |
| **anunciar** | annoncer |
| **anxova** *(f.)* | anchois |
| **any** *(m.)* | année, an |
| **apagar** | éteindre |
| **aparcament** | parking |
| **aparcar** | garer |
| **aparentar** | paraître, faire (un âge) |
| **a partir de** | à partir de |
| **àpat** | repas |
| **a penes** | à peine |
| **aperitiu** | apéritif |
| **a poc a poc** | lentement |
| **aprendre** | apprendre |
| **a prop** | près |
| **apuntar** | noter |
| **aquell/a** | celui-là, ce…là, celle…là |
| **aquest/a** | celui-ci, ce, cette, celle-ci |
| **aquí** | ici |
| **ara** | maintenant |
| **ara mateix** | tout de suite |
| **aranja** *(f.)* | pamplemousse |
| **arbre** | arbre |
| **a reveure** | au revoir |
| **arma** | arme |

| | |
|---|---|
| **armari** *(m.)* | armoire |
| **arreglar** | arranger |
| **arribada** | arrivée |
| **arribar** | arriver |
| **arròs** | riz |
| **assabentar** | avertir, informer |
| **assabentar-se** | apprendre (une nouvelle) |
| **assegurança** | assurance |
| **assegurar** | assurer |
| **a temps** | à temps |
| **aterrar** | atterrir |
| **atracament** | hold-up |
| **aturat/-ada** | chomeur/-euse |
| **atzucac** *(m.)* | impasse |
| **au** *(f.)* | oiseau |
| **autobús** | autobus |
| **autocar** | autocar |
| **autopista** | autoroute |
| **avellana** | noisette |
| **a veure** | voyons |
| **avi** | grand-père |
| **aviat** | bientôt |
| **avinguda** | avenue |
| **avió** | avion |
| **avorrir** | détester |
| **avorrir-se** | s'ennuyer |
| **avorrit/-ida** | ennuyeux/-euse |
| **avui** | aujourd'hui |

## B

| | |
|---|---|
| **bacallà** *(m.)* | morue |
| **badia** | baie (géogr.) |
| **baix** | bas, petit |
| **baixar** | descendre |
| **ballar** | danser |
| **banc, banca** | banque |
| **banda** *(f.)* | côté |
| **bandera** | drapeau |
| **bany** | bain |
| **barallar-se** | se battre, se disputer |
| **barat/a** | bon marché |
| **barret** | chapeau |
| **barri** | quartier |
| **barri antic** | vieille ville |
| **basca** *(f.)* | évanouissement |
| **bastant** | assez |
| **batlle** | maire |
| **bé, ben** | bien |
| **berenar** *(n. et verbe)* | goûter |
| **beure*** | boire |
| **beguda** | boisson |
| **bes** *(m.)* | (le) baiser |
| **bestiesa** | bêtise, ânerie |
| **bici(cleta)** | bicyclette |
| **bistec** | bifteck |
| **bitllet** | billet |
| **blanc,a** | blanc |
| **blau, blava** | bleu |
| **bo, bon/a** | bon/ne |
| **boca** | bouche |
| **boig, boja** | fou, folle |
| **boli, bolígraf** | stylo-bille |
| **bolquers** *(m. pl.)* | couches |
| **bombeta** | ampoule |
| **bonic/a** | joli, beau |
| **bosc** | bois, forêt |
| **bossa** *(f.)* | sac |
| **botiga** | boutique, magasin |
| **braç** | bras |
| **breu** | bref, court |
| **broma** | plaisanterie |
| **brusa** | blouse |
| **brut,a** | sale |
| **buit/-ida** | vide |
| **bullit/-ida** | bouilli |
| **buscar** | chercher |
| **butxaca** | poche |

## C

| | |
|---|---|
| **ca, can, cal** | chez |
| **cabell** | cheveu |
| **caçar** | chasser |

| | |
|---|---|
| **cada** | chaque |
| **cadira** | chaise |
| **cafè** | café |
| **caixa** | caisse |
| **caixer automàtic** | distributeur automatique |
| **cal, calen** *(+ pl.)* | il faut |
| **calaix** | tiroir |
| **calaixera** | commode (meuble) |
| **caldre** | falloir |
| **calefacció** | chauffage |
| **calent/a** | chaud/e |
| **callar** | se taire |
| **calor** | chaleur |
| **calor (fa ~)** | chaud (il fait ~) |
| **cama** | jambe |
| **cambrer** | serveur, garçon |
| **càmera** | appareil photo |
| **camí** | chemin |
| **caminar** | marcher |
| **camisa** | chemise |
| **camp** *(m.)* | champ, campagne |
| **càmping** | camping |
| **càmping (anar de ~)** | faire du camping |
| **cançó** | chanson |
| **cansat/-ada** | fatigué/e |
| **cantar** | chanter |
| **cantonada** *(f.)* | coin (de rue) |
| **canvi** | change, monnaie |
| **canviar** | changer |
| **canya** *(f.)* | demi (bière) |
| **cap** *(n.)* | tête, chef |
| **cap** | aucun |
| **cap, cap a** | vers |
| **capaç** | capable |
| **capellà** | curé |
| **car/a** | cher/chère (coûteux) |
| **cara** | figure, visage |
| **carbó** | charbon |
| **cargol** | escargot |
| **carn** | viande |
| **carrer** *(m.)* | rue |
| **carreró** | ruelle |
| **carretera** | route |
| **carril** | voie |
| **carril bus** | couloir de bus |
| **carta** | lettre |
| **cartera** | portefeuille |
| **cas** *(m.)* | cas, affaire |
| **cas (si de)** | si jamais |
| **casa** | maison |
| **casar-se** | se marier |
| **casat/-ada** | marié/e |
| **casset** *(m.)* **de butxaca** | baladeur (musique) |
| **cassola** *(f.)* | fait-tout, terrine, poêlon (en terre) |
| **castany/a** | châtain, marron clair |
| **castell** | château |
| **càstig** *(m.)* | punition |
| **català/-ana** | catalan/e |
| **caure*** | tomber |
| **cava** *(m.)* | champagne catalan |
| **cavall** | cheval |
| **ceba** | oignon |
| **cel** | ciel |
| **centímetre** | centimètre |
| **cert/a** | certain/e |
| **cervesa** | bière |
| **cigarreta** | cigarette |
| **cine** | cinéma |
| **cinta, casset** *(f.)* | cassette (audio) |
| **cirera** | cerise |
| **cistell** | panier |
| **cita** *(f.)* | rendez-vous |
| **ciutat** | ville |
| **clar/a** | clair/e |

**clar (és ~)** bien sûr
**clau** *(f.)* clé
**clau** *(m.)* clou
**cobrar** encaisser
**cognom** nom de famille
**coll** cou, gorge
**col·legi** collège
**collir** cueillir, ramasser
**color** *(m. / f.)* couleur
**com** comme
**com ?** comment ?
**com a** comme, en tant que
**començar** commencer
**company/a** camarade, copain/copine
**complet** complet
**comprar** acheter
**comptar** compter
**compte** *(m.)* note, addition
**compte !** attention !
**com que** comme *(+ verbe)*
**com que plou** comme il pleut
**comú/na** commun/e
**conèixer*** connaître
**consigna** consigne
**consolat** consulat
**contar** raconter
**conte** conte
**content/a** content/e
**contestar** répondre
**contra** contre
**convèncer** convaincre
**convençut,-uda** convaincu,e
**convidar** inviter
**cop** coup
**copa** *(f.)* verre
**cor** cœur
**corbata** cravatte
**correcte/-a** correct/e
**córrer*** courir
**corretja** courroie
**correus** la poste
**cos** corps
**cosa** chose
**cosí, cosina** cousin,e
**cosir*** coudre
**costar** coûter
**costat** côté
**cotxe** *(m.)* voiture
**cremar** brûler
**creu** *(f.)* croix
**creure*** croire
**cridar** crier, appeler
**cruïlla** *(f.)* croisement
**cua** queue
**cuina** cuisine
**cuitar** se dépêcher
**cullera** cuiller
**curar** soigner
**cursi** snob, guindé
**curt/a** court/e, lent/e
**curt de gambals** simplet, demeuré

## D

**d'acord** d'accord
**dalt** au-dessus
**damunt** sur
**darrer/a** dernier/-ère
**darrere** derrière
**davall** dessous
**davant** devant
**de, d'** de
**dedicar-se a** faire (un métier), se consacrer à
**de res !** de rien !
**de seguida** tout de suite
**de vegades** parfois
**deixar** laisser
**deixar de** cesser de
**del (de + el)** du *(prép.+ art.)*
**dels (de + els)** des *(prép. + art.)*
**demà** demain
**demanar** demander
**dent** *(f.)* dent

| | |
|---|---|
| **denunciar** | dénoncer |
| **des de** | depuis |
| **desfer** | défaire |
| **desig** | désir, souhait, vœu |
| **desitjar** | désirer, souhaiter |
| **despatx** | bureau |
| **despertar-se** | se réveiller |
| **després** | après *(adv.)* |
| **després de** | après |
| **dessota** | sous |
| **desviació** | déviation |
| **Déu** | Dieu |
| **deu** | dix |
| **deure*** | devoir |
| **d'hora** | de bonne heure |
| **dia** *(m.)* | jour |
| **diari** | journal |
| **diarrea** | diarrhée |
| **dibuixar** | dessiner |
| **diccionari** | dictionnaire |
| **diferència** | différence |
| **diligent** | appliqué/e |
| **dinar** | déjeuner |
| **diners** *(m. pl.)* | argent |
| **dins, dintre** | dans |
| **dipòsit** | réservoir |
| **dir*** | dire |
| **direcció** | direction |
| **dir-se** | s'appeler |
| **disc** | disque |
| **disculpar** | excuser |
| **divertir-se** | s'amuser |
| **doble** | double |
| **dolç/a** | doux/douce |
| **dolent,a** | méchant/e, mauvais/e |
| **dona** | femme |
| **donar** | donner |
| **doncs** | donc |
| **dormir** | dormir |
| **dret/a** | droit/e |
| **dubte (sens ~)** | doute (sans ~) |
| **dur** *(verbe)** | porter |
| **dur/a** | dur/e |
| **durant** | pendant |

## E

| | |
|---|---|
| **edat** *(f.)* | âge |
| **eina** | outil |
| **eixugar** | essuyer |
| **eixut/a** | sec/sèche |
| **el** | le *(article)* |
| **el, l', -lo, 'l** | le *(pronom)* |
| **electricitat** | électricité |
| **ell / ella** | il, lui / elle |
| **el mateix** | le même |
| **els** | les *(art.)* |
| **em, m', -me, 'm** | me *(pron. pers. comp.)* |
| **empènyer*** | pousser |
| **empipador/a** | ennuyeux/-euse, importun/e |
| **empipar** | fâcher, ennuyer |
| **empleat/-ada** | employé/e |
| **emportar-se** | emporter |
| **en** *(prép.)* | à, en, dans, sur |
| **en, n', -ne, 'n** | en *(pronom)* |
| **En** *(+ prénom m. en consonne)* | (le + *prénom*) |
| **En Joan** | Jean |
| **enamorar-se** | tomber amoureux |
| **encantat/-ada** | enchanté/e |
| **encara** | encore |
| **encendre*** | allumer |
| **endarrere** | en arrière |
| **endavant** | en avant |
| **endemà** | lendemain |
| **endevinar** | deviner |
| **endur-se*** | emporter |
| **enfadar-se** | se mettre en colère |
| **enfront de** | devant, en face de |
| **engegar** | mettre en marche (moteur) |

| | |
|---|---|
| **enllà (més)** | au-delà |
| **enlloc** | nulle part |
| **enraonar** | deviser, causer |
| **ens, -nos, 'ns** | nous *(pron. compl.)* |
| **ensenyar** | apprendre, montrer |
| **entendre** | comprendre |
| **entesos !** | compris ! d'accord ! |
| **entrada** | entrée, billet d'entrée |
| **entrar** | entrer |
| **entre** | entre, parmi, chez |
| **entrepà** | sandwich |
| **enviar** | envoyer |
| **equipatge** *(m. sing.)* | bagages |
| **equivocar-se** | se tromper |
| **equivocat, da (estar)** | avoir tort |
| **es, s', -se, 's** | se *(pron. réfléchi)* |
| **és clar** | bien sûr, naturellement |
| **escala** *(f.)* | escalier |
| **escola** | école |
| **escoltar** | écouter |
| **escorpí** | scorpion |
| **escriure*** | écrire |
| **església** | église |
| **esmorzar** | déjeuner (matin) |
| **espantat/-ada** | effrayé/e |
| **espanyol/a** | espagnol/e |
| **espelma** | bougie |
| **esperar** | attendre, espérer |
| **espòs/a** | époux/épouse |
| **esqueixar** | déchirer |
| **esquena** *(f.)* | dos |
| **esquerre/-a** | gauche |
| **ésser, ser** | être |
| **està bé !** | ça suffit ! |
| **estació** | gare |
| **estar** | être |
| **estar-se** | rester, demeurer habiter |
| **estimar** | aimer |
| **estirar** | étirer, tirer |
| **estiu** | été |
| **estona** *(f.)* | moment |
| **estranger/a** | étranger/-gère |
| **estrany/a** | étrange |
| **estrella** | étoile |
| **estrènyer*** | serrer |
| **estudiar** | étudier |
| **et, t', -te, 't** | te *(pronom)* |
| **examen** | examen |
| **exèrcit** *(m.)* | armée (l') |
| **èxit** | succès |
| **expenedor** | distributeur automatique |
| **explicar** | expliquer |

## F

| | |
|---|---|
| **fàbrica** | usine |
| **faç** | face |
| **fàcil** | facile |
| **fadrí** | garçon célibataire |
| **faldilles** *(f. pl.)* | jupe |
| **fals/a** | faux/fausse |
| **falta** | faute |
| **faltar** | manquer |
| **fanal** *(m.)* | lanterne, réverbère |
| **farina** | farine |
| **farmàcia** | pharmacie |
| **fart/a** | repu/e, fatigué/e |
| **fàstic** | dégoût |
| **fat, fada** | fade |
| **fatal** | affreux, insupportable |
| **favor** *(m.)* | faveur |
| **feina** | travail |
| **feliç** | heureux/-euse |
| **felicitar** | féliciter |
| **fer*** | faire |

| | |
|---|---|
| **fer* mal** | faire mal |
| **fer* malbé** | abîmer |
| **fer una passejada** | faire une promenade |
| **ferida** | blessure |
| **ferit/-ada** | blessé/e |
| **ferro** | fer |
| **festa** | fête |
| **fi** *(f.)* | fin |
| **fi** *(m.)* | fin, but |
| **fi/fina** *(adj.)* | fin/e |
| **ficar** | mettre |
| **fil** | fil |
| **fill/a** | fils/fille |
| **finestra** | fenêtre |
| **fins, fins a** | jusqu'à |
| **firmar** | signer |
| **fixar-se** | faire attention, regarder attentiv. |
| **flor** | fleur |
| **foc** | feu |
| **fogar** | foyer, âtre |
| **fondo/a** | profond/e |
| **font** *(f.)* | fontaine, source |
| **fora** | hors, dehors |
| **forat** | trou |
| **força** *(f.)* | force |
| **força** *(adv.)* | beaucoup |
| **forma** | forme |
| **forquilla** | fourchette |
| **fort/a** | fort/e |
| **fosc/a** | sombre |
| **foto** | photo |
| **fotut/-uda (estar)** | foutu,e |
| **fotut/-uda (ser)** | vachement difficile |
| **francès,-esa** | français,e |
| **fred/a** | froid/e |
| **fregit/-ida** | frit/e |
| **fresc/a** | frais/fraîche |
| **frigorífic** | frigo |
| **frontera** | frontière |
| **fruita** *(f.)* | fruit |
| **full** *(m.)* | feuille (papier) |
| **fulla** *(f.)* | feuille (de plante) |
| **fum** *(m.)* | fumée |
| **fums** *(pl.)* | orgueil |
| **fumar** | fumer |
| **funció** | représentation (théatre) |
| **fusta** *(f.)* | bois (matière) |
| **fuster** | menuisier |

## G

| | |
|---|---|
| **gaire** *(adj. / adv.)* | beaucoup, guère |
| **gairebé** | presque |
| **galleda** | seau |
| **gallina** | poule |
| **gana** | faim |
| **gandul/a** | fainéant/e |
| **ganes** *(f. pl.)* | envie |
| **ganivet** | couteau |
| **garatge** | garage |
| **gas** | gaz |
| **gasolina** | essence |
| **gastar** | dépenser |
| **gat** | chat |
| **gat (agafar el ~)** | se saouler |
| **gel** | glace, verglas |
| **gelat** *(m.)* | glace (à manger) |
| **genoll** | genou |
| **gens** | pas du tout |
| **gent** *(f. sing.)* | les gens |
| **germà** | frère |
| **germana** | sœur |
| **gerro** *(m.)* | carafe |
| **goig** *(m.)* | joie, plaisir |
| **goma** | gomme |
| **gos/sa** | chien/ne |
| **got** | verre |
| **gota** | goutte |
| **govern** | gouvernement |
| **gra** | grain |
| **gràcies** | merci |

| | |
|---|---|
| **graciós/-osa** | gracieux/-euse ; gai/e |
| **graellada** | grillade |
| **gram** | gramme |
| **gran** | grand, vieux |
| **granissat** | granité |
| **gras/sa** | gras/se, gros/se |
| **grau** | degré |
| **greix** *(m.)* | graisse |
| **greu** | grave |
| **gris/a** | gris/e |
| **groc**, **groga** | jaune |
| **gruix** *(m.)* | épaisseur |
| **gruixut/-uda** | épais/se (dimension) |
| **guaitar** | guetter |
| **gual (permanent)** | sortie de voitures |
| **guanyar** | gagner |
| **guardar** | garder |
| **guàrdia** *(m.)* | garde *(m.)* |
| **guàrdia** *(f.)* | garde *(f.)* |
| **guerra** | guerre |
| **guiri** | touriste "bête" *(péjoratif)* |
| **gust** | goût |

## H

| | |
|---|---|
| **habitació** | chambre |
| **haver** | avoir |
| **hi** | y |
| **hi ha** | il y a |
| **hivern** | hiver |
| **ho** | le *(pron. comp. =* cela) |
| **hola !** | salut ! |
| **hom** | on |
| **home** | homme |
| **hora** | heure |
| **hospital** | hôpital |
| **hostal** | auberge |
| **humit/-ida** | humide |

## I

| | |
|---|---|
| **i** | et |
| **idioma** *(m.)* | langue |
| **idiota** | idiot/e |
| **igual** | égal |
| **illa** | île, pâté de maisons |
| **il·lès/a** | sain/e et sauf/-ve |
| **imatge** | image |
| **imbecil** | imbécile |
| **immòbil** | immobile |
| **importància** | importance |
| **important** | important/e |
| **impostos** | impôts |
| **inclòs** | inclus |
| **increïble** | incroyable |
| **infermer/a** | infirmier/-ère |
| **ingrès** *(m.)* | accès, entrée |
| **intens,a** | intense |
| **intent** *(m.)* | tentative, essai |
| **interessant** | intéressant/e |
| **intermitent** | clignotant |
| **inversió** | investissement |
| **italià**, **italiana** | italien/ne |
| **ivori** | ivoire |

## J

| | |
|---|---|
| **ja** | déjà |
| **ja ho crec !** | bien sûr ! |
| **ja no** | ne... plus |
| **jaqueta** | veste |
| **jardí** | jardin |
| **jo** | je, moi |
| **joc** | jeu |
| **joia** *(f.)* | joie, bijou |
| **jornada** | journée |
| **jove** *(m. / f.)* | jeune, jeune homme, jeune fille, bru, belle-fille |
| **jugar** | jouer |
| **junt/a** | ensemble |
| **just/a** | juste |
| **jutge** | juge |
| **jutjat** | tribunal |

## L

| | |
|---|---|
| **la, l'** | la *(article f.)* |
| **lamentar** | regretter |
| **lent/a** | lent/e |

**li** lui, à lui, à elle
**líquid/a** liquide
**litre** litre
**llançar** jeter, lancer
**llangardaix verd** lézard vert
**llapis** crayon
**llar** *(f.)* foyer
**llarg/a** long/ue
**llàstima !** dommage ! (peine)
**llavors** alors
**llegir** lire
**llegum** légume sec
**llei** loi
**lleig/lletja** laid/e
**lleixa** étagère
**lleixiu** eau de javel
**llençar** jeter, se débarrasser
**llençol** drap
**llengua** langue
**lleó(ns)** lion(s)
**llesca** tranche
**llet** *(f.)* lait
**lletra** lettre
**lleu** léger, peu grave
**lleuger/a** léger/-ère
**lleure** *(m.)* loisir
**llevat de** sauf
**llibertat** liberté
**llibre** livre
**lliçó** leçon
**lligar** s'accorder, coller bien
**llit** lit
**lliure** libre
**lloc** lieu, place
**llogar** louer
**lloguer** location
**llum** *(m.)* lampe
**llum** *(f.)* lumière
**llumins** *(m. pl.)* allumettes
**lluna** lune
**lluna plena** pleine lune
**lluna nova** nouvelle lune
**lluny** loin
**llur** leur *(poss. pl.)*
**lona** toile à bâches
**lúcid/a** lucide
**luxació** luxation

## M

**mà** main
**magatzem** magasin
**mai** jamais
**major** plus grand
**mal/a** mauvais/e
**malalt/a** malade
**malament** mal
**malauradament** malheureusement
**maleta** valise
**malgrat que** bien que
**manar** commander
**manera** manière
**mantega** *(f.)* beurre
**mapa** *(m.)* carte routière
**màquina** machine
**mar** *(f. / m.)* mer
**mare** mère
**marit** mari
**marró** marron
**marxar** partir
**mas** *(m.)* mas, ferme
**masia** *(f.)* mas, ferme
**massa** trop
**matar** tuer
**mateix/a** même *(adj.)*
**matí** matin
**me, m', -me, 'm** me, moi *(pron. pers. comp.)*
**mecànic** mécanicien
**medi ambient** milieu
**mel** *(f.)* miel
**menjador** salle à manger
**menjar** manger
**menor** plus petit

| | |
|---|---|
| **mentida** | mensonge |
| **mentida (és ~)** | ce n'est pas vrai |
| **menys** | moins |
| **meravellós/a** | merveilleux/-euse |
| **mercat** | marché |
| **mercès** | merci |
| **merda** | merde |
| **més** | plus |
| **més de** | plus de |
| **més o menys** | plus ou moins |
| **mes** | mois |
| **mestre/a** | maître/sse |
| **metge** | médecin |
| **metgessa** | médecin *(f.)* |
| **metre** | mètre |
| **metro** | metro |
| **meu**, **meva** | mien, mienne |
| **meu (el)**, **meva (la)** | mon, ma |
| **mi** | moi |
| **mica** *(f.)* **(una ~)** | un peu |
| **mig** / **mitja** | demi/e |
| **mig (al ~)** | milieu (au ~) |
| **migdia** | midi |
| **milió** | million |
| **millor** | meilleur/e |
| **minut** *(m.)* | minute |
| **mirall** *(m.)* | glace, miroir |
| **mirar** | regarder |
| **missa** | messe |
| **mitjons** *(m. pl.)* | chaussettes |
| **moble** | meuble |
| **mocador** | mouchoir |
| **moda** | mode |
| **molestar** | gêner |
| **molí** | moulin |
| **molt** | très |
| **molt**, **a** *(adj.)* | beaucoup |
| **molt** *(adv.)* | très |
| **molt de temps** | longtemps |
| **moll/a** | mouillé/e |
| **molla** | mie, miette |
| **món** | monde |
| **mongetes** *(f. pl.)* | haricots |
| **moscatell** | muscat |
| **mosquit** | moustique |
| **mossegar** | mordre |
| **motxilla** *(f.)* | sac à dos |
| **moto** | moto |
| **moure*** | bouger, remuer |
| **mullar** | mouiller |
| **muller** | épouse |
| **multa** | amende |
| **multiplicar** | multiplier |
| **muntanya** | montagne |
| **musclo** *(m.)* | moule *(f.)* |
| **múscul** | muscle |
| **músic** *(m.)* | musicien |
| **música** *(f.)* | musique |

## N

| | |
|---|---|
| **nas** | nez |
| **natural** | naturel |
| **nàusea** | nausée |
| **nebot**, **neboda** | neveu, nièce |
| **necessitar** | avoir besoin de |
| **negre/a** | noir,e |
| **néixer*** | naître |
| **nen**, **nena** | garçon, fille |
| **nens** | enfants |
| **nervi** | nerf |
| **net/a** | propre |
| **nét**, **néta** | petit-fils, petite-fille |
| **neu** | neige |
| **nevar** | neiger |
| **ni** | ni |
| **ningú** | personne |
| **nit** | nuit |
| **niu** | nid |
| **no** | ne... pas |
| **no !** | non ! |
| **noi**, **noia** | garçon, fille |
| **nom** | nom, prénom |
| **només** | seulement |
| **nora** | belle-fille, bru |

| | |
|---|---|
| **nosa** *(f.)* | gêne, embarras |
| **nosaltres** | nous |
| **nostre/a** | notre |
| **notícia** | nouvelle |
| **nou / nova** | neuf /neuve |
| **nu / nua** | nu/e |
| **número** | numero |
| **nus** | nœud |
| **núvol** | nuage |

## O

| | |
|---|---|
| **o** | ou |
| **obert/a** | ouvert/e |
| **obrir** | ouvrir |
| **ocell** | oiseau |
| **ocupat/-ada** | occupé/e |
| **oficina** *(f.)* | bureau |
| **oficina de turisme** | syndicat d'initiative |
| **oi ?** | n'est-ce pas ? |
| **oli** | huile |
| **olla** | marmite |
| **olor** *(f.)* | odeur |
| **ombra** | ombre |
| **on** | où |
| **ona** | vague |
| **oncle** | oncle |
| **opinió** | opinion |
| **orella** | oreille |
| **oreneta** | hirondelle |
| **orxata** | orgeat |
| **os (ossos)** | os *(pl.)* |
| **ós (óssos)** | ours *(pl.)* |
| **ostra** | huître |
| **ou** | œuf |

## P

| | |
|---|---|
| **pa** | pain |
| **pagar** | payer |
| **pagès/-esa** | paysan/ne |
| **pàgina** | page |
| **paisà/-ana** | compatriote |
| **paleta** *(m.)* | maçon |
| **palla** | paille |
| **pantalons** | pantalon |
| **panxa** | ventre, panse |
| **pany de contacte** | contact (moteur) |
| **paper** | papier |
| **paquet** | paquet |
| **parada** | arrêt |
| **paraigua** | parapluie |
| **parar** | arrêter, s'arrêter |
| **paraula** | mot, parole |
| **pardal** | moineau |
| **pare** | père |
| **parell** *(m.)* | paire *(f.)*, deux |
| **paret** *(f.)* | mur |
| **parlar** | parler |
| **part** | partie |
| **partir** | partager |
| **pas** | pas, passage |
| **pas de vianants** | passage piétons |
| **passar** | passer |
| **passeig** *(m.)* | promenade |
| **passejada** *(f.)* | promenade |
| **patata** | pomme de terre |
| **pati** *(m.)* | cour |
| **patir** | souffrir |
| **pau** | paix |
| **peatge** | péage |
| **pebre** | poivre |
| **pebrot** | poivron |
| **peça** | pièce, morceau |
| **pedra** | pierre, grêlon |
| **pegar** | battre, frapper |
| **peix** | poisson |
| **pel, pels (per + el) (s)** | par/pour le/les |
| **pell** | cuir, fourrure |
| **pel·lícula** *(f.)* | film |
| **pena** | peine |
| **pensar** | penser |
| **pentinar** | peigner |
| **per** | par, dans |

| | |
|---|---|
| **per (a)** | pour |
| **per cert** | certainement |
| **pera** | poire |
| **perdó !** | pardon ! |
| **perdonar** | pardonner |
| **perdoni, perdoneu** | excusez-moi |
| **perdre*** | perdre |
| **perill** | danger |
| **pernil** | jambon |
| **però** | mais |
| **perquè** | parce que |
| **per què ?** | pourquoi ? |
| **perruqueria** | salon de coiffure |
| **persona** | personne |
| **pesant** | lourd,e |
| **pesar** | peser |
| **pesar** *(m.)* | chagrin, peine |
| **pesat/-ada** | lourd/e ; fatigant/e |
| **pescar** | pêcher |
| **petit/a** | petit/e |
| **petó** | baiser |
| **petroli** | pétrole |
| **peu** | pied |
| **picar** | piquer, mordre (poisson) |
| **pilota** | balle |
| **pintar** | peindre |
| **pis** | appartement, étage |
| **pit** *(m.)* | poitrine, sein |
| **pitjar** | appuyer sur (bouton) |
| **pitjor** | pire |
| **pla/na** | plat/e |
| **plaça** | place |
| **plànol** | plan |
| **planta** | plante |
| **planta baixa** | rez-de-chaussée |
| **plantar** | planter |
| **planxar** | repasser (avec le fer) |
| **plàstic** | plastique |

| | |
|---|---|
| **plat** *(m.)* | assiette |
| **platja** | plage |
| **ple/na** | plein,ne |
| **plegar** | plier, finir son travail |
| **ploma** | plume |
| **plorar** | pleurer |
| **ploure*** | pleuvoir |
| **pluja** | pluie |
| **poble** | peuple, village |
| **pobre/a** | pauvre |
| **poc/a** | peu (de) |
| **poc a poc** | lentement |
| **poder*** | pouvoir |
| **policia** *(f.)* | police |
| **policia** *(m. / f.)* | policier |
| **pollastre** | poulet |
| **pols** *(m.)* | pouls |
| **pols** *(f.)* | poussière |
| **pont** | pont |
| **por** *(f.)* | peur |
| **port** | port, col (montagne) |
| **porta** | porte |
| **portar** | porter |
| **posar** | mettre |
| **posar-se** | se mettre, devenir |
| **postal** *(f.)* | carte postale |
| **postres** *(f. pl.)* | dessert |
| **potser** | peut-être |
| **pou** | puits |
| **pregunta** | question |
| **preguntar** | demander |
| **prendre*** | prendre |
| **preocupar-se** | s'inquiéter |
| **preparar** | préparer |
| **preservatius** | préservatifs |
| **president** | president |
| **pressa** | hâte |
| **pressa (de)** | vite |
| **préssec** *(m.)* | pêche (fruit) |
| **preu** | prix |

| | |
|---|---|
| **prim/a** | mince |
| **primavera** *(f.)* | printemps |
| **primer/a** | premier/-ère |
| **primer** *(adv.)* | d'abord |
| **probar** | essayer |
| **profit (bon ~)** | appétit (bon ~) |
| **prohibit** | interdit |
| **promès/-esa** | fiancé/e |
| **prometre*** | promettre |
| **pronunciar** | prononcer |
| **prop de** | près de |
| **proper/a** | proche |
| **propina** *(f.)* | pourboire |
| **prou** | assez |
| **pròxim/a** | prochain/e |
| **puig** *(m.)* | colline, montagne |
| **puix que** | puisque |
| **pujar** | monter |
| **punt** | point |
| **punta** | pointe |
| **punxa** *(f.)* | pointe, piquant pointu |
| **puny** | poing |
| **punyent** | poignant |
| **punyeta !** | merde ! |
| **punyeta (fer la ~)** | enquiquiner *(fam.)* |
| **putxinel·li** *(m.)* | marionnette |

## Q

| | |
|---|---|
| **quan** | quand |
| **quant/a** | combien *(sing.)* |
| **quants/-tes** | combien *(pl.)* |
| **quart** | quart |
| **que** | que |
| **que** | qui, que *(relatif)* |
| **què ?** | quoi ? |
| **quedar-se** | rester |
| **queixal** *(m.)* | molaire |
| **queixar-se** | se plaindre |
| **qüestió** | question |
| **qui** | qui |
| **quilo** | kilo |
| **quilòmetre** | kilomètre |
| **quin/a** | quel/le |

## R

| | |
|---|---|
| **ració** | ration, portion |
| **raig** | rayon |
| **raig d'oli** | filet d'huile |
| **raó** | raison |
| **ràpid/a** | rapide |
| **raspall** | brosse |
| **raspallar** | brosser |
| **ratlla** | trait, raie |
| **ratllar** | rayer, râper |
| **rebaixa** | remise, solde |
| **rebaixar** | rabattre, diminuer |
| **rebentar** *(fam.)* | crever |
| **rebre*** | recevoir |
| **recanvi** | rechange |
| **recanvi (roda de ~)** | secours (roue de ~) |
| **recar** | regretter |
| **(em reca això)** | (je regrette ça) |
| **recobrar-se (d'una malaltia)** | récupérer (d'une maladie) |
| **recomanar** | recommander |
| **record** | souvenir |
| **rècord** | record |
| **recordar** | rappeler |
| **recordar-se de** | se souvenir de |
| **recte/a** | droit/e ; honnête |
| **regal** | cadeau |
| **regalar** | offrir |
| **regar** | arroser |
| **regateig** | marchandage |
| **regatejar** | marchander |
| **rei/-na** | roi / reine |
| **reivindicar** | revendiquer |
| **reixa** | grille (de jardin) |
| **relació** | relation |
| **relliscar** | glisser |
| **rellotge** | montre, pendule |
| **remar** | ramer |
| **remei** | remède |
| **rentar** | laver |

| | |
|---|---|
| **renyar** | disputer, gronder |
| **repartir** | partager |
| **repetir** | répéter |
| **res** | rien |
| **resar** | prier |
| **respirar** | respirer |
| **retornar** | faire reprendre ses esprits à qqn |
| **reventar** *(fam.)* | crever |
| **revés (al ~)** | à l'envers |
| **reveure*** | revoir |
| **revinclar-se** | se faire une entorse |
| **ric/a** | riche |
| **riu** *(m.)* | rivière |
| **riure*** | rire |
| **roba** *(f.)* | vêtements |
| **robatori** | vol, cambriolage |
| **robar** | voler |
| **roca** | roche, rocher |
| **roda** | roue |
| **rodó/-ona** | rond/e |
| **roig / roja** | rouge |
| **ros/sa** | blond/e |
| **rosegar** | ronger |
| **rovell** *(m.)* | rouille |
| **rovell (de l'ou)** | jaune (d'œuf) |
| **rovellar** | rouiller |
| **rulot** *(f.)* | caravane (camping) |

## S

| | |
|---|---|
| **sabata** | chaussure |
| **saber*** | savoir |
| **saber*** | avoir le goût de |
| **(sap a ranci)** | (ça sent le rance) |
| **sabó** | savon |
| **sac** | sac |
| **sac de dormir** | sac de couchage |
| **sal** *(f.)* | sel |
| **sala** | salle |
| **salsa** | sauce |
| **saltar** | sauter |
| **saludar** | saluer |
| **salvar** | sauver, franchir |
| **sanejar** | assainir |
| **sang** *(f.)* | sang |
| **sant/a** | saint/e |
| **santuari** | sanctuaire |
| **sarau** *(m.)* | soirée, bal |
| **sastre** | tailleur |
| **savi / sàvia** | savant/e ; prudent/e |
| **sec/a** | sec / sèche |
| **seda** | soie |
| **segell** | timbre |
| **segon** *(m.)* | seconde (nom) |
| **segon/a** *(adj.)* | deuxième |
| **segons** | selon |
| **seguir*** | suivre |
| **seguit (tot ~)** | tout de suite |
| **segur/a** | sûr/e, certain/e |
| **seient** *(m.)* | siège, place assise |
| **semblar** | sembler, avoir l'air |
| **sempre** | toujours |
| **sense** | sans |
| **sens dubte** | sans doute |
| **sentir** | entendre, regretter |
| **(ho sento)** | (je regrette) |
| **senyor** | monsieur |
| **senzill/a** | simple, facile |
| **separar** | séparer |
| **sèpia** | seiche |
| **ser*** | être |
| **serp** *(f.)* | serpent |
| **servei** | service |
| **serveis** | toilettes |
| **servir** | servir |
| **sessió** | séance |
| **setmana** | semaine |
| **setmanal** | hebdomadaire |
| **seu, seva** | sien, sienne |
| **seu (el), seva (la)** | son, sa, leur |

| | |
|---|---|
| **seu** *(f.)* | siège (d'une entreprise) |
| **Seu** *(f.)* | cathédrale |
| **seure*** | s'asseoir |
| **si** *(m.)* | baie, sein |
| **si** | si, soi |
| **sí** | oui |
| **silenciador** | silencieux (voiture) |
| **simple** | simple |
| **sis plau** | s'il vous plaît |
| **si us plau** | s'il vous plaît *(formule utilisée aussi avec* ***vostè****)* |
| **si li plau** | *(formule correcte avec* ***vostè****)* |
| **sinó** | mais |
| **sobre** *(m.)* | enveloppe |
| **sobre** | sur |
| **sobrepassar** | dépasser, surpasser |
| **societat** | société |
| **sofà** | canapé |
| **sogre**, **sogra** | beau-père, belle-mère |
| **sol/a** | seul/e |
| **sol** *(m.)* | soleil |
| **sòl** *(m.)* | sol (terre) |
| **soldat** | soldat |
| **soler*** | avoir l'habitude de… |
| **solter/a** | célibataire |
| **somni** | rêve, songe |
| **son** *(m.)* | sommeil |
| **son** *(f.)* | sommeil, envie de dormir |
| **sopa** | soupe |
| **sopar** | dîner |
| **soportar** | supporter |
| **soroll** | bruit |
| **sort** *(f.)* | chance |
| **sortir*** | sortir, partir |
| **sortida** | sortie, départ |
| **sospitós/-osa** | suspect/e, louche |
| **sota** | sous |
| **suau** | doux |
| **suc** | jus |
| **sucar** | tremper |
| **sucós/-osa** | juteux/-euse |
| **sucre** | sucre |
| **sumar** | additionner |
| **superar** | dépasser, surmonter |
| **supermercat** | supermarché |
| **suspendre*** | suspendre, recaler |

## T

| | |
|---|---|
| **tabac** | tabac |
| **tal com** | comme |
| **tallar** | couper |
| **tallat** *(m.)* | express avec très peu de lait |
| **taller** | atelier, garage |
| **també** | aussi |
| **tampoc** | non plus |
| **tan… com** | aussi… que |
| **tancar** | fermer |
| **tanmateix** | cependant |
| **tant/a** | tant de |
| **tant… com** | autant… que |
| **tap** | bouchon |
| **tapar** | boucher *(verbe)* |
| **taquilla** *(f.)* | guichet |
| **tard** | tard |
| **tard o d'hora** | tôt ou tard |
| **tarda** | après-midi |
| **tardor** *(f.)* | automne |
| **targeta** | carte (de crédit, de visite) |
| **tarifa** *(f.)* | tarif |
| **taronja** | orange |
| **taula** | table |
| **taulell** | comptoir |
| **tauler de sortides** | panneau des départs |
| **te, t', 't, -te** | te, toi *(pron. pers. comp.)* |
| **tele** | télévision |

| | |
|---|---|
| **telèfon** | téléphone |
| **temps** | temps |
| **témer*** | craindre |
| **tenda** | commerce, boutique |
| **tenda de campanya** | tente |
| **tenir*** | avoir |
| **tenir* raó** | avoir raison |
| **terra** *(f.)* | terre |
| **terra** *(m.)* | sol |
| **test** *(m.)* | pot de fleurs |
| **testimoni** | témoin |
| **teu, teva** | tien, tienne |
| **teu (el), teva (la)** | ton, ta |
| **texans** | jeans |
| **tia, tieta** | tante, tata |
| **tip/a** | repu/e |
| **tirar** | lancer, jeter |
| **tireta** | pansement adhésif |
| **tisores** *(f. pl.)* | ciseaux |
| **tocar** | toucher, sonner, jouer d'un instrument |
| **tombar** | renverser, tourner |
| **tornada** *(f.)* | retour |
| **tornar** | revenir |
| **tornar a fer** | refaire |
| **tot/a** | tout/e |
| **totalment** | totalment |
| **tothom** | tout le monde |
| **tou / tova** | mou / molle, moelleux/-euse |
| **tovalla** | serviette de toilette |
| **tovalles** *(f. pl.)* | nappe |
| **tovalló** *(m.)* | serviette de table |
| **tovallola de bany** | drap de bain |
| **tranquil/-il·la** | tranquille |
| **treballar** | travailler |
| **tren** | train |
| **trencar** | casser |
| **trepitjar** | marcher sur, fouler |
| **tret de** | sauf |
| **treure*** | enlever |
| **trist/a** | triste |
| **trobar** | trouver |
| **tros** | morceau |
| **trucar** | cogner (à la porte), appeler au téléphone |
| **truita** *(f.)* | truite |
| **truita (d'ous)** | omelette |
| **trull** *(m.)* | moulin à huile |
| **tu** | tu, toi |
| **tub** | tube, tuyau |
| **turmell** *(m.)* | cheville |

## U

| | |
|---|---|
| **udolar** | hurler |
| **ufanós/a** | orgueilleux/-euse |
| **ull** | œil |
| **ulleres** *(f. pl.)* | lunettes |
| **ullet (fer l'~)** | cligner de l'œil |
| **últim/a** | dernier/-ère |
| **un, una** | un, une |
| **universitat** | université |
| **us, -vos, -us** | vous *(complément)* |
| **utilitzar** | utiliser |

## V

| | |
|---|---|
| **vaca** | vache |
| **vacances** | vacances |
| **vacil·lar** | hésiter |
| **vacunar** | vacciner |
| **vedell/a** | veau / génisse |
| **vaga** | grève |
| **vagó llit** | wagon-lit |
| **vaguista** | gréviste |
| **vaixell** | bateau, navire |
| **valent/a** | courageux/-euse |
| **valer*** | valoir |
| **val més** | il vaut mieux |
| **vàlvula** | soupape |

| | |
|---|---|
| **vegada** | fois |
| **vegades (a ~)** | parfois |
| **vell/a** | vieux / vieille |
| **vell (fer-se ~)** | vieux (se faire ~) |
| **veloç** | rapide |
| **vendre*** | vendredi |
| **venir*** | venir |
| **vent** | vent |
| **ventall** | éventail |
| **verd/a** | vert/e |
| **verdura** *(f. sing.)* | légumes verts |
| **veremes** *(f. pl.)* | vendanges |
| **vergonya** | honte |
| **veritat** | vérité |
| **veritat (és ~)** | c'est vrai |
| **vermell/a** | rouge |
| **vespa** | guèpe |
| **vespre** *(m.)* | soir, soirée |
| **vestir*** | porter un vêtement |
| **vestir-se** | s'habiller |
| **veu** | voix |
| **veure*** | voir |
| **vi** | vin |
| **viatge** | voyage |
| **viatjar** | voyager |
| **vida** | vie |
| **vida (mai de la~)** | jamais de la vie |
| **vidre** | verre (matière) |
| **vidu, vídua** | veuf, veuve |
| **viu / viva** | vivant/e, vif / vive |
| **viure*** | vivre, habiter |
| **volar** | voler (oiseau, etc.), faire sauter |
| **voler*** | vouloir |
| **volta** *(f.)* | tour |
| **volta (anar a fer una~)** | faire un tour |
| **voltants** *(m. pl.)* | alentours |
| **vòmits** | vomissements |
| **vora, vora de** | près, au bord de |
| **vós** | vous *(politesse)* |
| **vosaltres** | vous *(pl.)* |
| **vostè, vostès** | vous *(polit. sing., pl.)* |
| **vostre/a** | votre |
| **vulgar** | vulgaire |

## W

| | |
|---|---|
| **wàter** | toilettes |

## X

| | |
|---|---|
| **xàfec** | averse |
| **xafogor** *(f.)* | chaleur suffocante |
| **xampany** | champagne |
| **xampinyons** | champignons (de Paris) |
| **xampurrejar** | baragouiner |
| **xano-xano** | doucement, en douceur |
| **xarop** | sirop |
| **xarxa** *(f.)* | réseau, filet |
| **xicot/a** | petit/e ami/e |
| **ximple** | imbécile, bête |
| **xinès/a** | chinois/e |
| **xiular** | siffler |
| **xiuxiuejar** | chuchoter |
| **xocar** | heurter, télescoper |
| **xocolata** *(f.)* | chocolat |
| **xoriço** | chorizo |
| **xuclar** | sucer |

# FRANÇAIS - CATALAN

## A

| | |
|---|---|
| à | **a**, **en** |
| accident | **accident** |
| accompagner | **acompanyar** |
| acheter | **comprar** |
| acide | **agre**, **a** |
| addition | **compte** *(m.)* |
| adieu | **adéu** |
| administration | **administració** |
| adresse | **adreça** |
| aéroport | **aeroport** |
| affaire | **assumpte** *(m.)*, **afer** *(m.)* |
| affaires | **negocis** *(m.)* |
| affamé/e | **afamat/-ada**, **famolenc/a** |
| affectueux/-euse | **afectuós/a** |
| âge | **edat** *(f.)* |
| agence de voyages | **agència de viatges** |
| agit de (il s'~) | **es tracta de** |
| agriculteur/-trice | **pagès/a**, **agricultor/a** |
| aide | **ajuda**, **ajut** *(m.)* |
| aider | **ajudar** |
| aiguille | **agulla** |
| aimable | **amable** |
| aimer | **estimar**, **agradar** |
| aimer (s'~) | **estimar-se** |
| aimer mieux | **estimar-se més** |
| air | **aire** |
| alcool | **alcohol** |
| alentours | **voltants** *(m.)* |
| aliment | **aliment**, **menja** *(f.)* |
| aller | **anar*** |
| aller (s'en ~) | **anar-se'n*** |
| aller *(futur proche avec mouvement)* | **anar* a** |
| allumer | **encendre*** |
| allumettes | **llumins** *(m.)*, **cerilles** *(f.)* |
| alors | **llavors**, **aleshores** |
| ambassade | **ambaixada** |
| ambulance | **ambulància** |

| | |
|---|---|
| ami/e | **amic/-ga** |
| amitié | **amistat** |
| amuser (s'~) | **divertir-se** |
| ancien/ne | **antic/-iga** |
| anglais/e | **anglès/a** |
| animal | **animal** |
| année | **any** *(m.)* |
| anniversaire | **aniversari** |
| annoncer | **anunciar**, **indicar** |
| annuel | **anyal** |
| annuler | **anul·lar** |
| appareil photo | **càmera** *(f.)* |
| appeler | **cridar**, **trucar** |
| appeler (s'~) | **dir-se*** |
| apporter | **portar**, **aportar** *(fig.)* |
| apprendre | **aprendre**, **assabentar-se** |
| apprendre à qqn | **ensenyar** |
| après-demain | **demà passat** |
| après | **després** |
| arbre | **arbre** *(m.)* |
| argent (métal) | **argent**, **plata** *(f.)* |
| argent | **diners** *(m. pl.)* |
| arrêt | **parada** *(f.)* |
| arrêter | **aturar**, **parar** |
| arrêter (s'~) | **aturar-se** |
| arrêter de (s'~) | **deixar de** |
| arrivée | **arribada** |
| arriver | **arribar**, **passar** |
| art | **art** *(m. / f.)* |
| artisanat | **artesanat** |
| ascenseur | **ascensor** |
| asseoir (s'~) | **seure***, **asseure's** |
| assez | **bastant**, **bastants**, **prou** |
| assurances | **assegurances** |
| attendre | **esperar** |
| au revoir | **a reveure**, **adéu** |
| au-dessus | **al damunt**, **a sobre** |
| au-dessus de | **damunt**, **damunt de** |
| aujourd'hui | **avui** |
| aussi | **també**, **per això** |
| authentique | **autèntic/a**, **genuí/-ïna** |
| automne | **tardor** *(f.)* |

| | |
|---|---|
| avant | **abans** |
| avant (en ~) | **endavant** |
| avant-hier | **abans-d'ahir** |
| avarié/e | **podrit/ida** |
| avec | **amb** |
| avertir | **avisar, assabentar** |
| avion | **avió** |
| avoir | **tenir*, haver*** |

## B

| | |
|---|---|
| bagages | **equipatge** *(m.)* |
| baigner (se ~) | **banyar-se** |
| bain | **bany** |
| balle | **pilota** |
| ballon | **baló** |
| banque | **banc** *(m.)* ; **banca** *(f.)* |
| bas/se | **baix/a** |
| bâtiment | **edifici** |
| bâtir | **construir*, edificar** |
| batterie | **bateria** |
| battre (se ~) | **barallar-se** |
| beau / belle | **bonic/a, bell/a** |
| beaucoup | **molt,a ; força** |
| Belgique | **Bèlgica** |
| besoin (avoir ~) | **necessitar** |
| bicyclette | **bicicleta** |
| bière | **cervesa** |
| bijoux | **joies** |
| billet | **bitllet, entrada** *(f.)* |
| blessé/e | **ferit/-ida** |
| blessure | **ferida** |
| boire | **beure*, prendre*** |
| bois | **bosc** |
| bois (matière) | **fusta** *(f.)* |
| boisson | **beguda** |
| boîte | **capsa** |
| boîte à lettres | **bústia** |
| bon/ne | **bo/na** |
| bon marché | **barat/a** |
| bouger | **moure's*** |
| bouteille | **ampolla** |
| bruit | **soroll** |
| brûler | **cremar** |
| bureau de poste | **correus** |
| bureau | **despatx** |
| bureaux | **oficina** *(f.)* |
| bus | **autobús, bus** |

## C

| | |
|---|---|
| ça | **això** |
| ça va | **va bé** |
| cadeau | **regal** |
| café | **cafè** |
| caisse | **caixa** |
| calmar | **calamars** |
| canif | **navalla** |
| cannelle | **canyella** |
| capitale | **capital** |
| carré | **quadrat** |
| carte | **menú** *(m.)* |
| carte postale | **targeta postal** |
| cassé/e | **trencat/-ada, espatllat/-ada** |
| casser (se ~) | **trencar-se** |
| ce que | **el que** |
| ce qui fait que | **això fa que** |
| ceci | **això** |
| ceinture | **cinturó** *(m.)* |
| cela | **allò** |
| célèbre | **famós,a** |
| celui-ci, celle-ci | **aquest,a** |
| celui-là, celle-là | **aquell,a** |
| cendrier | **cendrer** |
| centre | **centre** |
| certain/e | **cert/a ; segur/a** |
| chacun | **cadascú** |
| chaise | **cadira** |
| chaleur | **calor** *(f.)* |
| chambre | **habitació, cambra** |
| chance | **sort** *(f.)* |
| champ | **camp** |
| changer | **canviar** |
| changer (de train) | **transbordar** |
| chanson | **cançó** |
| chanter | **cantar** |
| chapeau | **barret** |
| chaque | **cada** |
| chat | **gat** |
| château | **castell** |
| chaud/e | **calent/a** |
| chauffage | **calefacció** |
| chaussettes | **mitjons** *(m.)* |
| chaussures | **sabates** |
| chef | **cap** |
| chef (cuisine) | **xef** |

| | |
|---|---|
| chemin | **camí** |
| chemise | **camisa** |
| chèque | **xec** |
| cher / chère (onéreux) | **car/a** |
| cher / chère (sentiment) | **estimat/-ada** |
| chercher | **cercar, buscar** |
| cheveux | **cabells** |
| chien/ne | **gos/sa** |
| chocolat | **xocolata** *(f.)* |
| chose | **cosa** |
| cigarette | **cigarreta** |
| cinéma | **cinema, cine** |
| circulation (route) | **tràfic** |
| citron | **llimona** *(f.)* |
| clair/e | **clar/a** |
| clé | **clau** *(f.)* |
| clou | **clau** *(m.)* |
| cœur | **cor** |
| combien | **quant** |
| combien de *(sing.)* | **quant/a** |
| combien de *(pl.)* | **quants, quantes** |
| comme | **com, com que** |
| comme (en tant que) | **com a** |
| comme ça | **així** |
| commencer | **començar** |
| comment | **com** |
| commode | **pràctic,a** |
| complet/-ète | **complet/a** |
| composer un n° | **marcar un n°** |
| comprendre | **entendre*** |
| compter | **comptar** |
| condition | **condició** |
| conduire | **conduir*** |
| confiture | **confitura** |
| connaître | **conèixer*** |
| connu/e | **conegut/-uda** |
| consigne | **consigna** |
| consulat | **consulat** |
| content,e | **content,a** |
| continuer | **continuar** |
| contrat | **contracte** |
| convaincu/e | **convençut/-uda** |
| costume | **vestit** |
| côté | **costat** |
| côté de (à~) | **al costat de, a la vora de, prop de** |
| côte (anat., viande) | **costella** |
| côte (mer) | **costa** |
| côtelette | **costella** |
| cou | **coll** |
| coup | **cop** |
| cour | **pati** *(m.)* |
| cours | **curs** |
| courtois/e | **cortès/a** |
| couteau | **ganivet** |
| coûter | **costar** |
| couverts | **coberts** |
| couverture | **flassada** |
| crayon | **llapis** |
| crème | **crema** |
| crier | **cridar** |
| croire | **creure*** |
| cuiller | **cullera** |
| cuiller à café | **cullereta** |
| cuir | **pell** *(f.)*, **cuir** |
| cuire | **coure*** |
| cuisine | **cuina** |

## D

| | |
|---|---|
| d'accord | **d'acord** |
| dame | **senyora** |
| dangereux/-euse | **perillós/a** |
| dans | **a, en, per** |
| danse | **ball** *(m.)* |
| danser | **ballar** |
| davantage | **més** |
| de | **de** |
| décembre | **desembre** |
| décider à (se ~) | **decidir-se a** |
| déçu/e | **decebut/-uda** |
| déçu,e (espoir) | **frustrat,-ada** |
| dedans | **(a) dins, (a)dintre** |
| dehors | **fora** |
| déjà | **ja** |
| demain | **demà** |
| demander | **demanar** |
| demander (question) | **preguntar** |
| demi/e | **mig / mitja** |
| demoiselle | **senyoreta** |
| dent | **dent** *(f.)* |
| dent de sagesse | **queixal** *(m.)* **del seny** |
| dentiste | **dentista** |

| | |
|---|---|
| dépenser | **gastar** |
| depuis | **des de** |
| dernier/-ère | **darrer/a, últim/a** |
| derrière | **darrere** |
| descendre | **baixar** |
| désirer | **desitjar** |
| dessert | **postres** *(f. pl.)* |
| dessin | **dibuix** |
| destin | **destí** |
| devant | **davant, davant de** |
| devoir | **deure, haver de** |
| Dieu | **Déu** |
| différence | **diferència** |
| différent/e | **divers/a** |
| difficile | **difícil** |
| dimanche | **diumenge** |
| dîner | **sopar** |
| dire | **dir*** |
| direction | **direcció** |
| disque | **disc** |
| distinct/e | **diferent, distint/a** |
| distrait/e | **distret/a** |
| doigt | **dit** |
| dommage | **llàstima** *(f.)* |
| donc | **doncs** |
| donner | **donar** |
| donner rendez-vous (se ~) | **donar-se cita** |
| dormir | **dormir** |
| douane | **duana** |
| double | **doble** |
| douche | **dutxa** |
| douleur | **dolor** *(m.)* |
| doute | **dubte** |
| doute (sans ~) | **dubte (sens)** |
| drap | **llençol** |
| droite | **dreta** |
| droite (à~) | **a mà dreta** |
| dur/e | **dur/a ; difícil** |
| durant | **durant** |

## E

| | |
|---|---|
| eau | **aigua** |
| école | **escola** |
| écrire | **escriure*** |
| égal | **igual** |
| église | **església** |
| élève | **alumne/a** |
| elle | **ella** |
| employé/e | **empleat/-ada** |
| emporter avec soi | **endur-se*, emportar-se** |
| en, dans | **a, en, per** |
| enchanté/e | **encantat/-da** |
| encore | **encara** |
| encore une fois | **un cop més** |
| endroit | **indret, lloc** |
| enfin | **per fi, a la fi, en fi** |
| enlever | **treure*** |
| ennuyeux/-euse | **avorrit/-ida** |
| ensemble | **junts, plegats** |
| ensuite | **després** |
| entendre | **sentir** |
| entendre (écouter) | **escoltar** |
| entier/-ère | **sencer/a** |
| entièrement | **totalment** |
| entre | **entre** |
| entrée | **entrada** |
| entrer | **entrar** |
| enveloppe | **sobre** *(m.)* |
| envie | **ganes** *(f. pl.)* |
| envie (avoir ~) | **tenir* ganes** |
| envoyer | **enviar, trametre*** |
| Espagne | **Espanya** |
| espagnol/e | **espanyol/a** |
| espagnol (langue) | **castellà** |
| espèce | **espècie** *(f.)* |
| essayer | **provar, assajar** |
| essayer de | **intentar, tractar de** |
| essayer (vêtement) | **emprovar-se** |
| essence | **gasolina, benzina** |
| et | **i** |
| étage | **pis** |
| été | **estiu** |
| éteindre | **apagar** |
| étranger/-ère | **estranger/a** |
| être | **ser*, estar*** |
| être douloureux | **fer* mal** |
| étroit/e | **estret/a** |
| étudier | **estudiar** |
| européen/ne | **europeu/-ea** |
| examen | **examen** |
| excellent | **excel·lent** |
| excursion | **excursió** |

| | |
|---|---|
| expérience | **experiència** |
| expliquer | **explicar** |
| exporter | **exportar** |

## F

| | |
|---|---|
| fâcher avec (se ~) | **enfadar-se amb** |
| facile | **fàcil** |
| faim | **gana** |
| face (en ~) | **enfront** |
| face de (en ~) | **enfront de** |
| façon (de cette ~) | **d'aquesta manera, així** |
| faim (avoir ~) | **tenir* gana** |
| faire | **fer*** |
| farine | **farina** |
| fatigué/e | **cansat/-ada** |
| faut (il ~) | **cal** |
| faute | **falta** |
| faute (c'est ma ~) | **culpa (és culpa meva)** |
| fauteuil | **butaca** *(f.)* |
| faveur | **favor** *(m.)* |
| féliciter | **felicitar** |
| femme | **dona** |
| fenêtre | **finestra** |
| fermer | **tancar** |
| feu | **foc** |
| feu de signalisation | **semàfor** |
| feuille | **fulla** *(f.)* |
| feuille de papier | **full** *(m.)* |
| février | **febrer** |
| fiancé/e | **promès/a, xicot/a** |
| fiche | **fitxa** |
| fièvre | **febre** *(f.)* |
| filet (viande) | **filet, llom** |
| fille | **filla** |
| fille, jeune fille | **noia, jove** |
| fille, petite | **nena, nina** |
| film | **pel·lícula** *(f.)* |
| fils | **fill** |
| fin/e, mince | **prim/a** |
| fleur | **flor** |
| fois | **vegada** *(f.)* ; **cop** *(m.)* |
| fonctionner | **funcionar** |
| fontaine | **font** |
| football | **futbol** |
| forêt | **bosc** *(m.)*, **selva** *(f.)* |
| fort,e | **fort/a** |
| fou / folle | **boig / boja** |
| fourchette | **forquilla** |
| fraise | **maduixa** |
| frère | **germà** |
| frit,e | **fregit,-ida** |
| froid,e | **fred,a** |
| froid (avoir ~) | **tenir* fred** |
| fromage | **formatge** |
| fruit | **fruita** *(f.)* |
| fumer | **fumar** |

## G

| | |
|---|---|
| gagner | **guanyar** |
| garage | **taller** |
| garage (parking) | **garatge** |
| garçon, jeune | **noi** |
| garçon, petit | **nen, nin** |
| gare | **estació** |
| garer (se ~) | **aparcar** |
| gâteau | **pastís** |
| gauche | **esquerre,a** |
| gauche (à ~) | **a mà esquerra** |
| général | **general** |
| genou | **genoll** |
| gens | **gent** *(f. sing.)* |
| glace | **gelat** *(m.)* |
| glaçon | **glaçó, gel** |
| goût | **gust** |
| goutte | **gota** |
| gouvernement | **govern** |
| graisse | **greix** |
| gramme | **gram** |
| grand/e | **gran ; gros/sa** |
| grand/e (taille) | **alt/a** |
| grand en âge | **gran** |
| grand-mère | **àvia** |
| grand-père | **avi** |
| grave | **greu** |
| grippe (avoir la ~) | **tenir* grip** *(m.)* |
| gris/e | **gris/a** |
| gris/e (saoul) | **mig begut/-uda** |
| gros/se | **gran, gros/sa** |
| gros (en) | **a l'engròs** |
| groupe | **grup** |
| guichet | **taquilla** *(f.)* |

## H

| | |
|---|---|
| habitant | **habitant** |
| haricot | **mongeta** |
| haricots verts | **mongetes tendres** |
| haut/e | **alt/a** |
| haut (en ~) | **dalt, dalt de** |
| haute voix (à ~) | **en veu alta** |
| heure | **hora** |
| heureux/-euse | **feliç** *(m. / f.)* |
| hier | **ahir** |
| hier soir | **anit** |
| hiver | **hivern** |
| homme | **home** |
| hôpital | **hospital** |
| hôte/sse (qui invite) | **amfitrió/-ona** |
| hôte/sse (invité) | **hoste/-essa** |
| hôtesse de l'air | **hostessa (d'avió)** |
| huile | **oli** |
| humide | **humit/-ida** |

## I

| | |
|---|---|
| ici | **ací, aquí** |
| il | **ell** |
| il y a | **hi ha** |
| île | **illa** |
| immédiatement | **ara mateix** |
| important | **important** |
| importer | **importar** |
| impossible | **impossible** |
| impôts | **impostos** |
| impression | **impressió** |
| inclus | **inclòs** |
| incommoder | **molestar** |
| intention | **intenció** |
| interdire | **prohibir** |
| interview | **entrevista** *(f.)* |
| inviter | **invitar, convidar** |

## J

| | |
|---|---|
| jamais | **mai** |
| jambon | **pernil** |
| janvier | **gener** |
| jardin | **hort** |
| jardin (agrément) | **jardí** |
| jaune | **groc/-oga** |
| je | **jo** |
| jeter | **tirar, llançar** |
| jeudi | **dijous** |
| jeune | **jove/a** |
| jeune homme | **noi, jove** |
| joie | **alegria, goig** *(m.)* |
| jouer | **jugar** |
| journal | **diari** |
| jupe | **faldilla** |
| jus | **suc** |
| jusqu'à | **fins a** |

## L

| | |
|---|---|
| la | **la** |
| là | **aquí, allí** |
| là-bas | **allà** |
| lac | **llac** |
| laid,e | **lleig, lletja** |
| laine | **llana** |
| laisser | **deixar** |
| lait | **llet** *(f.)* |
| lampe | **lampada, llum** *(m.)* |
| large | **ample,a** |
| lavabo | **lavabo** |
| laver (se ~) | **rentar-se** |
| le | **el** |
| le plus important | **el més important** |
| léger/-ère | **lleuger/a** |
| légumes | **verdura** |
| légumes secs | **llegum** *(m.)* |
| lent/e | **lent/a** |
| lentement | **a poc a poc** |
| lequel, laquelle | **quin,a** |
| lettre | **carta** |
| lever (se ~) (le matin) | **llevar-se** |
| lever (se ~) | **aixecar-se** |
| libre | **lliure** |
| lire | **llegir** |
| lit | **llit** |
| litre | **litre** |
| livre | **llibre** |
| loin | **lluny** |
| loin de | **lluny de** |
| long,ue | **llarg,a** |
| longtemps | **molt de temps** |
| louer | **llogar** |
| lourd/e | **pesant** |
| lourd (c'est ~) | **pesa** |
| lumière | **llum** *(f.)* |
| lundi | **dilluns** |

| | |
|---|---|
| lunettes | **ulleres** |
| lutter | **lluitar** |

## M

| | |
|---|---|
| ma, mon | **la meva, el meu** |
| machine | **màquina** |
| main | **mà** |
| maintenant | **ara** |
| mais | **però** |
| maison | **casa** |
| mal | **mal** |
| mal (avoir ~) | **fer* mal** |
| mal (faire ~) | **fer* mal** |
| malade | **malalt/a** |
| malheureusement | **malauradament, desgraciadament** |
| manger | **menjar** |
| manquer | **mancar, faltar** |
| manteau | **abric** |
| marché | **mercat** |
| marcher | **caminar** |
| mardi | **dimarts** |
| mari | **marit** |
| mariage | **casament** |
| marié/e | **casat/-ada** |
| marron | **marró** |
| matin | **matí** |
| me | **em, m', -me, 'm** |
| médecin | **metge** |
| meilleur | **millor** |
| meilleurs souhaits | **per molts anys** |
| même | **mateix, a** |
| menu, carte | **menú** |
| mer | **mar** *(f. / m.)* |
| merci | **mercès, gràcies** |
| merci beaucoup | **moltes gràcies** |
| mercredi | **dimecres** |
| mère | **mare** |
| mettre | **posar** |
| mettre à (se ~) | **posar-se a** |
| meuble | **moble** |
| miel | **mel** *(f.)* |
| mien/ne | **meu / meva** |
| mieux | **millor** |
| mignon/ne | **bonic/a, bufó/-ona** |
| migraine | **migranya** |
| milieu de (au ~) | **al mig de** |
| moins | **menys** |
| mois | **mes** |
| moitié | **meitat** |
| mon / ma | **el meu / la meva, el meu / la meua** |
| monde | **món** |
| monnaie | **moneda** |
| monnaie (appoint) | **canvi** |
| monsieur | **senyor** |
| montagne | **muntanya** |
| monter | **pujar** |
| monter à cheval | **muntar a cavall** |
| monter (en intensité) | **créixer*** |
| montre | **rellotge** *(m.)* |
| montre-bracelet | **rellotge de polsera** |
| montrer | **ensenyar, assenyalar amb el dit** |
| morceau | **tros, bocí** |
| mordre | **mossegar** |
| mordre (poissons) | **picar** |
| mosquée | **mesquita** |
| mot | **paraula** |
| moto | **moto** |
| mouchoir | **mocador** |
| mouillé/e | **moll/a** |
| mourir | **morir, morir-se** |
| moutarde | **mostassa** |
| moyen/ne | **mitjà/-ana** |
| mur | **paret** *(f.)* |
| musée | **museu** |

## N

| | |
|---|---|
| nager | **nedar** |
| naïf, naïve | **ingenu,-ènua** |
| naître | **néixer** |
| nappe | **tovalles, estovalles** *(f. pl.)* |
| nauséeux/-euse | **marejat/-ada** |
| nécessaire | **necessari/-ària** |
| neige | **neu** |
| neiger | **nevar** |
| nettoyer | **netejar** |
| neuf / neuve | **nou, nova** |
| n'importe quel | **qualsevol** |
| Noël | **Nadal** |
| noir/e | **negre/a** |
| nom | **nom** |

| | |
|---|---|
| nom de famille | **cognom** |
| nombre | **nombre** |
| non | **no** |
| non plus | **tampoc** |
| nord | **nord** |
| notre | **nostre,a** |
| nourriture | **aliment** |
| nous | **nosaltres** |
| nouveau/-elle | **nou / nova** |
| nouveau (à ~) | **altra vegada, altre cop, de nou** |
| nouvelles (info) | **notícies** |
| nuage | **núvol** *(m.)* |
| nuisance | **molèstia** |
| nuit | **nit** |
| nulle part | **enlloc** |
| numéro | **número** |

## O

| | |
|---|---|
| obtenir | **aconseguir** |
| occasion | **ocasió, oportunitat** |
| occupé/e | **ocupat/-ada** |
| œil | **ull** |
| œuf | **ou** |
| oignon | **ceba** *(f.)* |
| oiseau | **ocell** |
| ombre | **ombra** |
| oncle | **oncle, tiet** |
| opinion | **opinió** |
| orage | **temporal** *(m.)*, **tempesta** *(f.)* |
| oreille | **orella** |
| orteil | **dit del peu** |
| ôter (un vêtement) | **treure's*** |
| ou | **o** |
| où | **on** |
| oublier | **oblidar, descuidar-se** |
| ouest | **oest** |
| oui | **sí** |
| ouvrier/-ère | **obrer/a** |
| ouvrir | **obrir*** |

## P

| | |
|---|---|
| paille | **palla** |
| pain | **pa** |
| pain grillé | **pa torrat** |
| panne | **pana, avaria** |
| pantalon | **pantalons** *(m. pl.)* |
| papier | **paper** |
| Pâques | **Pasqües** |
| paquet | **paquet** |
| paquet cadeau | **paquet regal** |
| par exemple | **per exemple** |
| parasol | **para-sol** |
| parc | **parc** |
| parce que | **perquè** |
| pardon | **perdó** |
| pardonner | **perdonar** |
| parents | **pares** |
| parfois | **a vegades** |
| parking | **aparcament** |
| parler | **parlar** |
| parole | **paraula** |
| parti | **partit** |
| partie | **part** *(f.)* |
| partie (jeu) | **partida** *(f.)* |
| partie (sport) | **partit** *(m.)* |
| partir | **anar-se'n*** |
| pas du tout | **de cap manera** |
| pas, ne pas | **no** |
| passé | **passat** |
| passeport | **passaport** |
| passer | **passar** |
| patron | **patró,-ona** |
| pauvre | **pobre** |
| payer | **pagar** |
| pays | **país, països** |
| paysage | **paisatge** |
| peau | **pell** *(f.)* |
| pêche | **préssec** *(m.)* |
| pêche | **pesca** |
| peigne | **pinta** *(f.)* |
| peignoir | **barnús** |
| peindre | **pintar** |
| peine | **pena** |
| peine (à ~) | **a penes** |
| perdre | **perdre** |
| père | **pare** |
| permanent | **permanent** |
| permanent (cinéma) | **de sessió contínua** |
| permanente (coif.) | **permanent** *(f.)* |
| permettre | **permetre*** |
| permis de conduire | **permís de conduir** |
| persil | **julivert** |

| | |
|---|---|
| personne | **ningú** |
| pesant/e, (ennuyeux,-euse) | **pesat/-ada** |
| petit/e | **petit/a** |
| petit/e (taille) | **baix/a** |
| petit déjeuner | **desdejuni** (léger), **esmorzar** |
| petit pois | **pèsol** |
| peu *(adv.)* | **poc** |
| peu de | **poc/a, pocs / poques** |
| peuple | **poble** |
| peut-être | **potser** |
| peur (avoir ~) | **tenir* por** |
| phare | **far** |
| phare antibrouillard | **far antiboira** |
| pharmacie | **farmàcia** |
| photo | **foto** |
| pied | **peu** |
| pied (à ~) | **a peu, caminant** |
| pierre | **pedra** |
| pigeon | **colom** |
| piquant | **picant** |
| pire | **pitjor** |
| piscine | **piscina** |
| place | **plaça** |
| plage | **platja** |
| plaire | **agradar** |
| plaisir (avec ~) | **amb molt de gus** |
| plein | **ple, plena** |
| pleurer | **plorar** |
| pleuvoir | **ploure*** |
| plus (ne... ~) | **ja...no** |
| plus | **més** |
| plus (en ~) (d'ailleurs) | **a més, i encara** |
| plus (en/de ~) | **de més** |
| plus ou moins | **més o menys** |
| poêle | **paella** |
| poids | **pes** |
| poil (à ~) | **nu/a ; en pèl** |
| poire | **pera** |
| poisson | **peix** |
| poissonnerie | **peixateria** |
| poivre | **pebre** |
| poivron | **pebrot** |
| policier | **policia** *(m. / f.)* |
| pomme | **poma** |
| pomme de terre | **patata, trumfa** |
| pont | **pont** |
| port | **port** |
| porte | **porta** |
| porter | **portar, dur*** |
| possible | **possible** |
| Poste (la) | **Correus** |
| potable | **potable** |
| poulet | **pollastre** |
| poupée | **nina** |
| pour | **per, per a** |
| pour cent | **per cent (el... ~, un... ~)** |
| pour que | **perquè** + *subj* |
| pourboire | **propina** *(f.)* |
| pourquoi | **per què** |
| pourvu que | **tant de bo** |
| pourvu que (à condition que) | **sempre que** |
| pouvoir | **poder*** |
| préférer | **preferir estimar-se més** |
| premier/-ère | **primer/a** |
| prendre | **prendre*** |
| prendre le petit déjeuner | **esmorzar** |
| préoccuper de (se ~) | **preocupar-se per** |
| préparer | **preparar** |
| près | **prop** |
| près de | **prop de** |
| présenter | **presentar** |
| printemps | **primavera** *(f.)* |
| prise de courant mâle, femelle | **endoll** *(m.)*, **presa mascle, femella** |
| prix | **preu** |
| prix (recompense) | **premi** |
| probable | **probable** |
| prochain/e | **pròxim/a, proper/a** |
| proche | **proper/a** |
| promenade | **passejada** *(f.)*, **passeig** *(m.)* |
| promettre | **prometre*** |
| propre | **net,a** |
| propre (à soi) | **propi / pròpia** |

| | |
|---|---|
| propriétaire | **propietari/-ària, amo** *(m.)* |
| protester | **protestar** |
| pull-over | **jersei** |

## Q

| | |
|---|---|
| quai | **andana** *(f.)* |
| quai (port) | **moll** *(m.)* |
| quand | **quan** |
| quart | **quart** |
| que | **que** |
| quelque chose | **alguna cosa, quelcom** |
| quelques *(f.)* | **unes quantes** |
| quelques *(m.)* | **uns quants** |
| quelqu'un | **algú** |
| queue | **cua** |
| qui | **qui, que** |
| quoi | **què** |

## R

| | |
|---|---|
| raconter | **contar** |
| radio | **ràdio** |
| rafraîchissement | **refresc** |
| raisin | **raïm** |
| raison | **raó** |
| ramasser | **recollir*, collir*** |
| rapide | **ràpid,a** |
| rappeler (se ~) | **recordar, recordar-se de** |
| raser (se ~) | **afaitar-se** |
| recette | **recepta** |
| recettes (économie) | **ingressos** *(m. pl.)* |
| recevoir | **rebre*** |
| recommander | **recomanar** |
| refaire | **tornar a fer** |
| réfrigérateur | **nevera** *(f.)* |
| regarder | **mirar** |
| région | **regió** |
| regretter | **lamentar, saber greu** |
| regretter (le passé) | **enyorar** |
| réjouir de (se ~) | **alegrar-se de** |
| rencontrer (se ~) | **reunir-se* amb** |
| rencontrer par hasard (se ~) | **trobar-se** |
| rendez-vous | **cita** *(f.)* |
| rendre compte (se ~) | **adonar-se de** |
| repas | **menjar, àpat** |
| répéter | **repetir** |
| répondre | **respondre*, contestar** |
| reposer (se ~) | **descansar** |
| ressemblant | **semblant** |
| ressembler à | **assemblar-se a** |
| ressentir | **sentir, experimentar** |
| restaurant | **restaurant** |
| rester | **restar, quedar-se, estar-se** |
| retard | **retard** |
| retour | **tornada** *(f.)* |
| retourner | **tornar** |
| réveiller (se ~) | **despertar-se** |
| revue | **revista** |
| riche | **ric,a** |
| rien | **res** |
| rire | **riure*** |
| rivage | **riba, vorera** |
| rivière | **riu** *(m.)* |
| riz | **arròs** *(m.)* |
| robe | **vestit** *(m.)* |
| roi | **rei** |
| rond/e | **rodó/-ona** |
| rôti/e | **rostit/-ida** |
| rouge | **roig / roja, vermell/a** |
| rouge à lèvres | **barra** *(f.)* **de llavis** |
| route | **carretera** |
| rue | **carrer** *(m.)* |

## S

| | |
|---|---|
| sa, son | **la seva, el seu, la seua** |
| sac | **bossa** *(f.)* |
| sain/e | **sa / sana** |
| sain et sauf | **sa i estalvi** |
| salade | **enciam** *(m.)* |
| salade composée | **amanida** |
| sale | **brut,a** |
| salle de bains | **bany** *(m.)* |
| salle de séjour | **sala d'estar** |
| salon | **saló** |
| salon de coiffure | **perruqueria** |
| saluer | **saludar** |
| salut ! | **hola !** |

| | |
|---|---|
| samedi | **dissabte** |
| sandwich | **entrepà** |
| sangria | **sangria** |
| sans | **sense** |
| santé | **salut** |
| saoul/e | **borratxo/a** |
| savoir | **saber*** |
| savon | **sabó** |
| se | **es, s', -se, 's** |
| seau | **cubell** |
| sec / sèche | **sec/a** |
| secret/-ète | **secret/a** |
| secret *(n.)* | **secret** |
| sel | **sal** *(f.)* |
| semaine | **setmana** |
| sembler | **semblar** |
| sentir (se ~) | **sentir-se** |
| serveur | **cambrer** |
| serviette de bain | **tovallola de bany** |
| serviette de table | **tovalló** *(m.)* |
| seulement | **només** |
| si | **si** |
| siège | **seient** |
| sieste | **migdiada** |
| signer | **signar, firmar** |
| s'il te/vous plaît | **si et/us plau** |
| simple | **senzill,a** |
| situation | **situació** |
| sœur | **germana** |
| soif | **set** |
| soif (avoir ~) | **tenir* set** |
| soir | **tarda, nit** |
| sol | **terra** *(m.)*, **sòl** |
| soleil | **sol** |
| solution | **solució** |
| son, sa | **el seu, la seva, la seua** |
| sortie | **sortida, eixida** |
| sortir qqch | **treure*** |
| souhaiter | **desitjar** |
| soupe | **sopa** |
| source | **font** |
| sourd/e | **sord/a** |
| sous | **sota** |
| souvenir | **record** |
| souvent | **sovint** |
| spécial | **especial** |
| sport | **esport** |
| station-service | **estació de servei, gasolinera** |
| stylo bille | **bolígraf** |
| succès | **èxit** |
| sucre | **sucre** |
| sud | **sud** |
| suffire | **ser* suficient, bastar** |
| suffisant | **suficient** |
| suivant | **següent** |
| suivre | **seguir** |
| super | **súper** |
| sur | **sobre, damunt** |
| sûr/e | **segur/a** |
| sympatique | **simpàtic,a** |
| syndical | **sindical** |
| système | **sistema** *(m.)* |

## T

| | |
|---|---|
| ta, ton | **la teva, el teu, la teua** |
| table | **taula** |
| tableau | **quadre** |
| taille | **talla** |
| tant | **tant** *(adv.)* |
| tant de | **tant,a** *(sing.)*, **tants, tantes** *(pl.)* |
| tante | **tia, tieta** |
| tapis | **catifa** |
| tard | **tard** |
| tarder | **trigar, tardar** |
| tasse | **tassa** |
| te | **et, t', -te, 't** |
| téléphone | **telèfon** |
| téléphone (au ~) | **per telèfon** |
| télévision | **televisi** |
| témoin | **testimoni** |
| temps | **temps** |
| tendre | **tendre,a** |
| tente | **tenda** |
| terminer | **acabar** |
| tête | **cap** *(m.)* |
| thé | **te** |
| théâtre | **teatre** |
| tien | **teu** |
| tienne | **teva, teua** |
| timbre | **segell** |
| tirer | **tirar** |
| tiroir | **calaix** |
| tiroir (ouvrir un ~) | **obrir un calaix** |

toilettes **lavabos**
tomate **tomàquet** *(m.)*, **tomata** *(f.)*
tomber **caure***
ton **el teu**
ton *(n.)* **to**
tôt **d'hora**, **aviat**
touchant/e **commovedor/a**
toucher **tocar**
toujours **sempre**
tour (bâtiment) **torre**
tour **volta** *(f.)*
tous **tots**
tout **tot**
tout de suite **tot seguit**
toute la journée **tot el dia**
tout le monde **tothom**
train **tren**
tranquille **quiet/a**
travail **treball**
travailler **treballar**
très **molt**
triste **trist/a**
tromper (se ~) **equivocar-se**
trop **massa**
trouver **trobar**
trouver (se ~) **trobar-se**
tu **tu**
tuer **matar**
typique **típic/a**

## U

un (quelconque) **algun**, **alguna**
unique **únic/a**

## V

vacances **vacances**
vaisselle **vaixella**
vaisselle (faire la ~) **rentar**, **fregar els plats**
valise **maleta**
vallée **vall** *(f.)*
vendre **vendre***
vendredi **divendres**
venir **venir***
venir de (action) **acabar de**
vent **vent**
vérité **veritat**
verre **got**
verre à pied **copa** *(f.)*
verre (matière) **vidre**
vers **cap**, **cap a**
vert **verd**, **a**
veste **jaqueta**, **americana**
vêtements **la roba**
viande **carn**
vide **buit**, **buida**
vie **vida**
vieux / vieille **vell** / **vella** ; **gran**
village **poble**
ville **vila**, **ciutat**
vin **vi**
visage **cara** *(f.)*
visiter **visitar**
vite **de pressa**
vivre **viure***
voir **veure***
voiture **cotxe** *(m.)*
votre **el vostre**, **la vostra**
votre *(politesse)* **el seu**, **la seva**
vouloir **voler***
vous *(compl.)* **us**, **-vos**, **-us**
vous *(sujet)* **vosaltres**
vous *(politesse s.)* **vostè**
vous *(polit. pl.)* **vostès**
voyage **viatge**
voyager **viatjar**
voyons si **a veure si**, **vejam si**

**N° édition 2755 :**
Poche CATALAN
Dépôt légal : janvier 2009
Imprimé en France
par IMP Graphic